美筋ヨガ

ラクしてやせる美ボディ習慣

廣田なお
Nao Hirota

Prologue

こんにちは。「美筋ヨガ」インストラクターの廣田なおです。

「ヨガインストラクターという職業柄か、「いつもキラキラしていますね」「元々身体が柔らかくて、太りにくい体質なんですね」と言われることが多いのですが、実はその逆で、学生時代は今より10キロ以上太っていましたし、運動音痴なこともあって運動は大嫌いでした（笑）。そのため、自分の容姿に全く自信が持てず、コンプレックスだらけ。自分のことが好きになれるわけもなく、「キラキラ」とは無縁のところにいました。

大学卒業後は銀行に就職し、お金にも時間にも困ることのない安定した生活が始まりましたが、私の心はそれまでと何も変わらず満たされない毎日。でもどうしたらいいのかが分からず、淡々と日々の生活をこなしていました。

そんなある日、母と姉が通っていたヨガ教室に興味本位で通い始めたんです。「やせたらいいな〜」という軽い気持ちで始めたヨガでしたが、せわしない毎日の中に「自分としっかり向き合う時間」が生まれ、心地よくリラックスできていることに気がつきました。

また、この「自分と向き合う時間」は思考にも影響をもたらし、「なぜ何をやっても満足できないのだろう」「何のために生きていて、幸せとは何だろう」と、ヨガの深い呼吸を通して人生を俯瞰して考えるようになりました。

そして、5年間の銀行員生活に終止符を打ち、ヨガインストラクターへ転職することを決めました。

一度きりの人生、ただ「こなす」だけの毎日ではなく、もっと主体的に生き

美筋ヨガを始める前と後

Side

Before → After

Back

Before → After

てみよう、もっと人生を楽しんでみようと思ったのです。

転職後は大手ホットヨガスタジオで年間100本以上の
レッスンを担当し、2017年12月、東京都目黒区に自分の
ヨガスタジオをオープンしました。自分でスタジオを開こう
と思ったのには、いくつか理由がありました。

一つは、私に変化をもたらしてくれたヨガを伝えたいとい
う想い。二つ目は、「ひとりぼっち」と感じる方がゼロになっ
てほしいという想い。この「ひとりぼっち」という感情は、
過去の私が感じていた「心が満たされない」という感情のこ
とかもしれません。

そして最後は、ボディメイク効果の高いヨガを伝えたいと
いう想いです。そもそもダイエット目的でヨガを始めたはず
なのに、身体のどこに効いているのかが分からず、やせた気
はするが全然引き締まっていない……というのが率直な感
想でした。「自分のことが大嫌い」だった私が「自分のことを
好きになる」ためには、まずは容姿に自信を持つことがスター
ト地点だと思ったため、これは外せない理由の一つでした。

3

ただ、私は自他共に認める運動嫌い。できるだけラクして効果を出したいと思い、骨や筋肉の仕組みについて猛勉強しました（笑）。

そうして生まれたのが「美筋ヨガ〜ほぐす＋伸ばす＋鍛える〜」というメソッドです。

美筋ヨガを始めたことで、ホットヨガスタジオで汗を流しながら毎日レッスンしていた時よりも、身体をきれいに引き締めることができました（前ページの写真参照）。

美筋ヨガでは、日常でつい使いすぎてしまっている筋肉を「筋膜リリース」でほぐし、日常動作では出てこない様々な「ヨガのポーズ（アーサナ）」で呼吸と共に身体を伸ばし、どうしても衰えてしまいがちな筋肉を「筋トレ」で鍛えます。この３つを組み合わせて行うことで、ムキムキな筋肉にはならずに、しなやかな女性らしい身体へと変わっていきます。

「美筋ヨガ」のコンセプトは「自分を好きになろう。」です。美筋ヨガを通して、なりたいスタイルを実現することで、自分に自信を持ってほしいという意味をこめています。私自身、まだまだ道半ばですが、自分を愛せるようになった時、自分らしく人生を楽しめるようになれるんじゃないかなと思います。

生徒さんの安心安全を考慮して2020年5月から、スタジオのレッスンを全てオンラインに切り替え、現在は、Instagramで行っている「美筋ヨガオンラインサロン」および、YouTube「美筋ヨガチャンネル」で美筋ヨガをお伝えしています。

2021年3月からは「美筋ヨガオンラインスタジオ」をオープンし、日本全国そして

海外にお住まいの方にも、美筋ヨガを伝えていきたいと思っています。

本書では、初心者から上級者向けまでのプログラムと、気になる部位別に引き締めるプログラムをご紹介しています。自分のペースでいいので、ぜひトライしてみてください。

本書を通じて、皆様の心身が少しでも心地よく軽くなるお手伝いができたら幸いです。

廣田 なお

ラクしてやせる美ボディ習慣
美筋ヨガ
Contents

本書の使い方

この本では、初級、中級、上級にレベルを分けて
美筋ヨガのプログラムを紹介しています。また、部位別プログラムでは、
特に気になるパーツにアプローチする、筋膜リリースや筋トレを紹介しています。
ヨガと組み合わせて行うことでより効果がアップします。

<table>
<tr><td>美筋ヨガプログラム
→ PART2・PART3・PART4</td><td>部位別プログラム
→ PART5</td></tr>
</table>

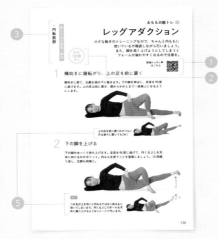

〈項目の解説〉

① スマートフォンやタブレットでQRコードを読み取り、表示されたURLをブラウザで開くと、廣田なお先生によるレッスン動画を見ることができます。動画を見ながら一緒に行ってみてください。

② 行う時間や回数の目安です。あくまでも目安なので、自身のレベルや体調に合わせて調整してください。

③ どこの筋肉に効くか、どのような効果が期待できるかが分かります。書いてある筋肉に効かせることを意識して行いましょう。

④ 筋膜リリースでは、最初にローラーやボールを当てる位置を写真で紹介します。間違った場所に当てると体を痛める可能性があるので必ずチェックしてください。

⑤ よくありがちなNGポーズや、写真の通り姿勢をとるのが難しい方に向けたやさしいポーズも紹介しています。

〈注意事項〉
・美筋ヨガを行っている最中に痛みを感じたり、体に異変を感じたりした場合は、中止してください。
・体調がすぐれない方、慢性的な痛みがある方、妊娠中の方などは必ず医師と相談の上、無理のない範囲で行ってください。
・動画はマイナビ出版のWebサイト「マイナビブックス」内で閲覧できます。動画そのものはダウンロードできませんので、予めご了承ください。
・動画を閲覧するためのQRコードおよびURLの転載や転売、動画をYouTubeなどネットワーク上にアップロードする行為は禁止しております。
・マイナビブックスの動画配信サービスは予告なく終了することがございます。予めご了承ください。
・QRコードは株式会社デンソーウェーブの登録商標です。

PART 1

しなやかで動ける身体になる！

美筋ヨガの基礎知識

腹筋をがんばっているのに、ぽっこりお腹が改善しない！

脚やせしたくて運動していたら、余計太くなった……。

ムキムキせずに見た目は柔らかな、しなやかBODYを手に入れたい！

そんなお悩みの解消におすすめなのが「美筋ヨガ」です。

「美筋ヨガ」は筋膜リリースで凝り固まった筋肉をほぐし、

ヨガで深い呼吸と共に身体を伸ばし、

筋トレで引き締めたい箇所に効かせていきます。

身体の癖を改善しながら、普段使っていない筋肉を目覚めさせていくことで、

なりたい自分にどんどん近づきます。

難しいヨガのポーズやハードな筋トレではなく

初心者の方でも自宅で自分のペースでできるものばかりなので

ぜひ、トライしてみてください！

自分に自信が持てる、

自分のことをもっと好きになる心身作りを目指しましょう！

11

美筋ヨガとは？

他のヨガとの違いは、効かせたい筋肉や部位にフォーカスして、筋膜リリースでほぐす＋ヨガで伸ばす＋筋トレで鍛えるという流れが一つになっていることです。

ヨガは深い呼吸と共にゆっくりした動作で身体を動かすので、それだけでも身体は変わってきますが、その前にガチガチに硬くなった筋肉を緩めることでヨガの効果がアップします。最後に、弱った筋肉を鍛えることで、柔らかくしなやかでありながら、しっかりと動ける身体を目指せます。

また、美筋ヨガの最終目標は「自分を好きになること」。美筋ヨガを通して、身体も心も軽くなることで、自分を認められるようになり、自信を持つことができます。

自信がつくと、何事もポジティブに行動できるようになり、世界が広がります。「美筋ヨガ」で、凝り固まった身体も心もしっかりほぐして自分らしく生きましょう。

美筋ヨガ 3 STEP

美筋ヨガは、まずは筋膜リリースで緩めたい筋肉をほぐして、ヨガで深い呼吸と共に全身を伸ばし、最後に弱くなった筋肉を筋トレで鍛える3STEPです。特に固まりやすい股関節周りや肩甲骨周りはほぐして緩めると引き締め効果も高くなります。

STEP 1 筋膜リリースでほぐす

身体__

・関節の可動域が広がる
・ストレッチ効果が高まる
・筋トレ効果が高まる

心 __

・こうでなきゃ！という思い込みを解き放つ
・凝り固まりがとれモヤモヤから解放される

STEP 2 ヨガでストレッチ

身体__

・深い呼吸になる
・縮こまった身体が伸びる
・身体の歪みや姿勢を正す
・自律神経を整える

心 __

・思考が深くなる
・俯瞰して考えられる
・すっきりと心のデトックスに

STEP 3 筋トレで引き締める

身体__

・引き締まる
・骨の位置が整う
・疲れにくくなる
・しなやかな筋肉がつく

心 __

・変わっていく身体を実感して前向きに
・自分を好きになる
・自分に自信が持てる

正しい姿勢を心掛けるだけで、健やかになれる

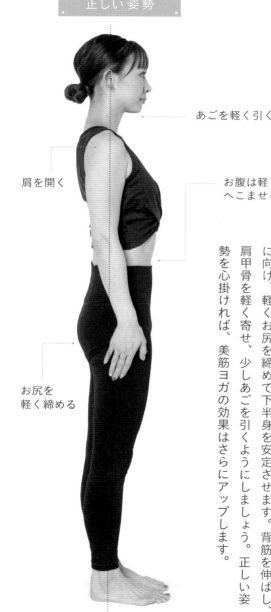

あごを軽く引く

肩を開く

お腹は軽くへこませる

お尻を軽く締める

ヨガにしろ、筋トレにしろ、目指しているのは正しい姿勢です。案外、正しい姿勢を保持できている人は少ないものです。普通に立っているつもりでも腰が反っていたり、デスクワークなどで猫背になっていたりしませんか？　姿勢が崩れているとお腹が出たり、お尻が垂れたり、肩が凝ったりと、ボディラインが崩れるだけでなく、様々な不調にもつながります。

正しい姿勢は横から見ると耳の位置、肩、骨盤、ひざ、くるぶしが一直線上に揃っているのが理想。足の人差し指とひざを正面に向け、軽くお尻を締めて下半身を安定させます。背筋を伸ばし、肩甲骨を軽く寄せ、少しあごを引くようにしましょう。正しい姿勢を心掛ければ、美筋ヨガの効果はさらにアップします。

14

こんな姿勢は NG

自分の姿勢をチェックしてみましょう！
骨盤の歪みや筋力が弱いため、NG姿勢になる人は多いです。

反り腰

よい姿勢を意識し
すぎて、腰を反り
すぎている

猫背

骨盤が後傾し、
胸が丸まっている。
巻き肩の原因にも

スウェイバック

骨盤が前方へ移動し、
ひざや股関節が
過伸展

頭が前に出ている

頭の重みで首の後ろ
が詰まっている

日常生活でよくある NG姿勢

テレビを見ている時や料理している時は、
無意識にNG姿勢をしていることがあります。
普段から、姿勢を正すように気をつけましょう。

電車に乗っている時

ストレートネックに
なり、首こりの原因に

子どもを抱っこする時

背中が丸くなり、腰痛や
ぽっこりお腹の原因に

テレビを見ている時

猫背になって、
首が前に出ている

料理をしている時

骨盤が前傾して、
反り腰になっている

美筋ヨガで注目したい筋肉

本書で登場する主な筋肉の位置を押さえておきましょう。
美筋ヨガでは、緩めたい筋肉や鍛えたい筋肉を意識して動かすことで、
効果が高まります。特に肩甲骨や骨盤、関節周りの筋肉は
可動域を広げるために重要な箇所なので、チェックを。

全体の前面筋

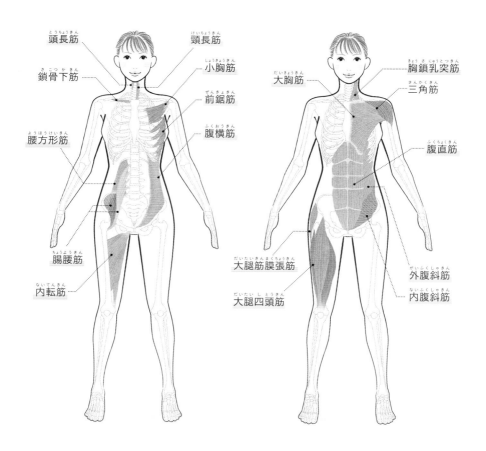

頭長筋（とうちょうきん）
頸長筋（けいちょうきん）
鎖骨下筋（さこつかきん）
小胸筋（しょうきょうきん）
前鋸筋（ぜんきょきん）
腰方形筋（ようほうけいきん）
腹横筋（ふくおうきん）
腸腰筋（ちょうようきん）
内転筋（ないてんきん）

大胸筋（だいきょうきん）
胸鎖乳突筋（きょうさにゅうとつきん）
三角筋（さんかくきん）
腹直筋（ふくちょくきん）
大腿筋膜張筋（だいたいきんまくちょうきん）
大腿四頭筋（だいたいしとうきん）
外腹斜筋（がいふくしゃきん）
内腹斜筋（ないふくしゃきん）

筋肉の位置や形を
意識すると、
効果もアップ！

ピンク色の線を引いた筋肉は「硬くなりやすい筋肉」、
水色の線を引いた筋肉は「弱くなりやすい筋肉」です。

全体の背面筋

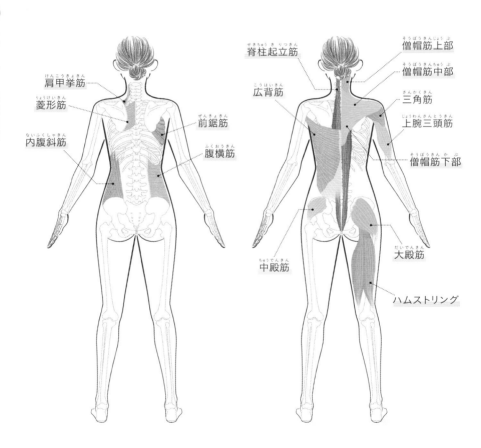

肩甲挙筋
（けんこうきょきん）

菱形筋
（りょうけいきん）

内腹斜筋
（ないふくしゃきん）

前鋸筋
（ぜんきょきん）

腹横筋
（ふくおうきん）

脊柱起立筋
（せきちゅうきりつきん）

広背筋
（こうはいきん）

僧帽筋上部
（そうぼうきんじょうぶ）

僧帽筋中部
（そうぼうきんちゅうぶ）

三角筋
（さんかくきん）

上腕三頭筋
（じょうわんさんとうきん）

僧帽筋下部
（そうぼうきんかぶ）

中殿筋
（ちゅうでんきん）

大殿筋
（だいでんきん）

ハムストリング

筋膜リリース

筋膜とは筋肉全体を覆う膜を指し、第二の骨格とも言われ、体中に網目のように張り巡らされています。長時間同じ姿勢でいたり、運動不足などにより、筋膜が癒着したり硬くなることで筋肉の動きが悪くなり、ボディラインの崩れや身体の不調につながります。筋膜を緩めることで、筋肉が動かしやすくなり、効かせたい筋肉にピンポイントでアプローチできるだけでなく、血液やリンパの流れもスムーズになり、引き締まりやすくなります。

筋膜間のリリースのイメージ

筋膜リリース後　　**癒着した筋膜**

姿勢の悪さや運動不足により、筋膜同士の癒着や摩擦が生じて、筋肉が動かしにくくなります。筋膜リリースをすることで、筋・筋膜の可動性が改善します。

筋膜リリースのポイント

① 緩めたい筋肉をピンポイントでリリースする

筋膜リリースローラーやボールを使って、硬くなっている肩甲骨周りやお尻などの筋肉をピンポイントでほぐします。

② 使いすぎな筋肉を緩める

脚やお腹など普段、無意識で使いすぎてしまっている筋肉は、使う癖がついてしまっているので緩めましょう。

③ やりすぎに注意

痛すぎるのも長くやりすぎるのも NG。1 部位 30 秒くらい（左右で1 分程）を目安に行うのがおすすめ。

必要な道具

筋膜リリースローラー

お腹や太もも、背中など広い範囲をほぐす時に便利なのが筋膜リリースローラー。身体にもフィットしやすいです。

ボール
（テニスボールでも可）

首や胸、足裏などピンポイントで筋膜をほぐしたい時に適しています。テニスボールなどで代用してもOK。

ヨガマットや
トレーニングマット

床で行うと、箇所によっては身体が痛くなることがあるのでヨガマットなどを敷いて行うのがおすすめ。

ヨガ

筋膜リリースでほぐした後はヨガで筋肉を伸縮させます。ヨガのメリットは深い呼吸と共に日常生活ではあまりやらない独特な動きを行うことで血液の巡りがよくなり、不調が改善されていくことです。また、深い呼吸ができることで気持ちも穏やかに安定していきます。やればやるほど自分の身体が変わっていくことを実感できるので、無理のない範囲で日々続けることがポイント。

ヨガのポイント

① **鼻から吸って鼻から吐く**

ヨガの呼吸方法は、鼻から息を吸い込み鼻からしっかり吐くのが基本です。身体が温まり、気持ちもリラックス。

② **ゆったりした動作で身体をストレッチ**

呼吸を意識しながら、身体をゆったり伸縮させるのがポイント。固まりがちな筋肉や関節を動かしましょう。

③ **ポーズはできる範囲でOK**

できないポーズは無理にせず、できる範囲でOK。それよりも身体を伸縮させる心地よさを感じて。

必要な道具

**ヨガマットや
トレーニングマット**

フローリングやカーペットだとポーズをとる時に滑ってしまう危険があるので、クッション性のあるマットを。

**クッションや
ヨガブロック**

ポーズがとりにくい人はクッションやヨガブロックでサポートしてもOK。大きめのバスタオルなども適しています。

自分の身体と
心の声を
聞きながら、
トライしてね！

筋トレ

ヨガは深い呼吸をしながら行うので有酸素運動になり、脂肪燃焼効果が期待できます。さらに軽い筋トレを行うことで骨の位置が整い、身体が引き締まります。特にお尻やお腹など日常生活であまり上手に使われていない筋肉は筋トレで意識的に鍛えましょう。筋膜リリースからヨガまで行ったうえで筋トレを行うと、よりピンポイントで筋肉にアプローチでき、引き締め効果が高まるのでおすすめです。続けていくと、身体はちゃんと応えてくれますよ。

筋トレのポイント

① 普段使っていない筋肉を鍛える

日常生活で同じ筋肉ばかり使っていると、ボディラインの崩れや肩こり、腰痛の原因にも！ 筋トレで不調のないすっきりした身体へ。

② 間違った動きは逆効果！

筋トレは効かせたい筋肉をちゃんと動かすことがポイント。間違った動きを繰り返すと逆に太くなってしまうことも。

③ 自分ががんばれる回数プラス１回！

筋トレはある程度負荷をかけると効果が上がります。本書で紹介している回数プラス１回を目標にがんばりましょう。

必要な道具

少しずつでも
続けることが
ポイントです！

ヨガマットや
トレーニングマット

自宅の床でもOKですが、仰向けやうつ伏せの状態で行う時に腰や足を痛めやすいので、できるだけマットを敷いて。

ペットボトルなど
負荷をかけられるもの

本書で紹介するのは自重でできる筋トレばかりですが、物足りない人はダンベルやペットボトルを使って負荷をかけてもOK。

身体の調子を整える、疲れを解消する

美筋ヨガ 初級編

初級編 はココがポイント

運動が苦手な方やヨガをやったことがない方
でもやりやすいメニューを集めました！
デスクワークなどで凝り固まった首や背中な
どの部位をゆっくりほぐしていきましょう。

ヨガを
やったことが
ない方でも
OK！

1 凝り固まりやすい部分をほぐす
筋膜リリース
首・肩甲骨・足裏・鼠径部・前もも

長時間同じ姿勢でいると硬くなりやすい首や背中、血液やリ
ンパの流れに重要な足裏や鼠径部は、先に緩めてあげること
で、動きがスムーズになります。

2 縮こまった身体をしっかり伸ばす
ヨガ 7つのポーズ

普段伸ばすことがあまりない部位をヨガでストレッチ。でき
ないポーズは無理せず、できる範囲でOK。ゆったりと呼吸し
ながら身体を伸ばすことでリフレッシュ効果も期待できます。

3 動きやすい身体に調整する
筋トレ 3つのトレーニング

姿勢を整えるために必要な筋肉を動かします。肩甲骨や背骨
の位置を正しくすることで身体の動きがスムーズになりま
す。また、胸がしっかり開くようになり、呼吸も深まります。

動画レッスン
はこちら

凝り固まりやすい部分をほぐす

筋膜リリース・初級編

硬くなりやすい首や背中、全体重を支えてくれている足裏、
縮まってしまった脚のつけ根をほぐして、動かしやすい身体に。

・ボールを当てる位置

首から肩につながる境目

・肩甲挙筋

リリースさせたい筋肉

筋膜リリース **1**

首をほぐす

首から肩甲骨にかけてはしる
肩甲挙筋は、猫背やスマホ首などが
原因で硬くなりがちです。
ここをしっかりほぐすことで、
首周りの筋肉が緩み、
肩甲骨の可動域も広がります。

左右
1〜2
分

1 首から肩につながる境目にボールを置く

仰向けになり、まず
は右首から肩につな
がる境目にボールを
セットします。両ひ
ざは立て、左手は頭
の後ろ、右手はお尻
の横に置きます。

2 お尻を持ち上げて、小さく上下に動く

お尻を持ち上げて、
体重をかけながら上
下に小さく動きます。
左側も同様に行いま
しょう。

←→

肩甲骨をほぐす

・肩甲骨周りの筋肉

リリースさせたい筋肉

左右
1〜2
分

デスクワークなどで長時間
猫背の状態が続いていると、
肩甲骨が外側に広がり、
肩甲骨の内側の筋肉が
硬くなってしまいます。
胸が開いた姿勢に戻すためにも
肩甲骨の内縁をほぐしましょう。

PART 2
初級編
筋膜リリース ヨガ 筋トレ

1 ボールを肩甲骨の 内側に当てて、仰向けになる

ボールを肩甲骨の内縁に当てて、仰向けにな
ります。右側にボールを当てたら、左手は頭
の後ろに。両ひざは立てた状態で左方向に倒
して、右手を身体に巻きつけます。

2 ボールを上下に動かす

あごを引き、体重をかけながらボールを上下
に小さく動かします。肩甲骨の内縁をなぞる
ように、肩甲骨の上部から下部までほぐしま
す。左側も同様に行いましょう。

⟵⟶

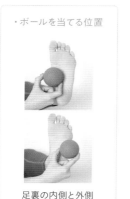

・ボールを当てる位置

足裏の内側と外側

・足裏のアーチ

リリースさせたい筋肉

足裏をほぐす

足裏のアーチや
小指側の骨の位置が崩れていると、
足の指が上手く使えず、
身体のバランスがとりづらく
腰にも負担がかかります。
ボールで刺激を与えて、
アーチを整えましょう。

左右
1〜2
分

1 足の裏をのせて、ボールを転がす

座った状態で、左ひざを立てて、足の裏にボールを置きます。そのまま、ボールに体重をのせて、ボールをコロコロ動かし内側から外側までまんべんなくほぐします。足の指が上がらないように手で押さえてもOK。右の足裏も同様に行いましょう。

足裏をほぐすことで、
ふくらはぎのだるさや、
むくみの改善にも
つながります。

鼠径部と前ももをほぐす

・ローラーを当てる位置

前ももの真ん中辺り

リリースさせたい筋肉

・大腿四頭筋

左右
1〜2
分

座った状態が長く続いたり、立ち姿勢が悪いと鼠径部や前ももの筋肉が硬くなります。放置しておくと、太ももの横張りや反り腰の原因にも！ローラーを使って前ももから外側までしっかりほぐしましょう。

1 四つ這いの状態から左脚をローラーにのせる

四つ這いになり、両ひじは床につき、左脚の前ももをローラーにのせて、右脚は軽くひざを曲げます。そのままローラーを前後に動かします。

2 上半身をねじって太ももの斜め外側をほぐす

体を少し右側にねじり、太ももの斜め外側部分をローラーで前後にほぐします。ほぐし終えたらゆっくり元の姿勢に戻って、右脚も同様に行いましょう。

① 首 ▸▸▸ P32

② 体側 ▸▸▸ P33

縮こまった身体を
しっかり伸ばす

ヨガ・初級編

③ 伸びた猫 ▸▸▸ P34

④ ダウンドッグ
（足踏み）
▸▸▸ P36

両手をついて、お尻を
斜め上に突き上げる

⑦ うさぎのポーズ
▶▶▶P41

⑥ チャイルドポーズ
▶▶▶P40

両手をついて、お尻を
斜め上に突き上げる

次ページから紹介するヨガの①〜⑦を流れで行いましょう。ヨガをやったことがない方や身体の使い方が分からない方でも、簡単に身体が伸ばせますよ。

動画レッスン▶
はこちら

⑤ スワンのポーズ
▶▶▶P38

片脚を上げる

首

首の後ろはスマホやテレビを見る時などに
どうしても縮んでしまう箇所です。
肩こりの原因にもなるので、
しっかりストレッチで伸ばしましょう。
深く呼吸しながら行うのがポイント。

・首すじ
・肩こり・頭痛の緩和

左右
1〜2
分

1 あぐらをかき、背筋は真っすぐ伸ばす

あぐらの状態で座り背筋は真っすぐに。腰が丸くなる人はお尻の下にクッションを入れて高さを出しましょう。両手は手のひらを上に向けて、ももの上に軽く置きます。

2 息を吸って吐きながら首を傾ける

息を吸って吐きながら、首を右に傾けます。そのままの状態で、もう一度息を吸って吐きながら頭の重みでさらに首を右に傾け伸ばします。吐ききったら首を元に戻して、同様に左側も行います。

ヨガ 2

体側（たいそく）

デスクワークなどで、
長時間座ったままの人におすすめ。
縮こまった腰や背中が伸ばせます。
お腹や腰周りの筋肉が伸びるので、
内臓の働きの活性化も期待できます。

ココに効く

左右
1〜2
分

- ・腰・背中
- ・腰痛の緩和

PART
2
初級編　筋膜リリース　ヨガ　筋トレ

1 あぐらをかき、両手は体の横に置く

あぐらの状態で座り背筋は真っすぐに。
両手は体の横に軽く置きます。

みぞおちを中心に
回転するように
傾けます！

2 息を吸って吐きながら上半身を傾ける

息を吸って左手を上に伸ばし、吐き
ながら、上半身をみぞおち辺りから
右に傾けます。そのままの状態でも
う一度息を吸って、吐きながら上半
身をさらに右に傾けます。脇腹が伸
びている感覚を意識しましょう。吐
ききったら上半身を元に戻して、右
側も同様に行います。

みぞおち

伸びた猫

姿勢が悪い人におすすめのポーズ。
胸や肩が開き、背骨が
しっかり伸びるのでリラックス効果も。
左右の動きを加えることで、
肩甲骨や広背筋もほぐれます。

ココに効く

・猫背の改善
・胸・脇・背中

左右
2〜3回
ずつ

1 四つ這いになる

肩の下に両ひじをつき、
脚のつけ根の下に両ひ
ざをついたら、両手を
組んで拳を作ります。

2 拳を前に出し、背中を反らす

息を吸い、吐きなが
ら拳を前に出します。
さらに息を吸い、吐
きながら胸を床に近
づけます。

お尻はひざの
真上か少し後ろ
くらいがベスト!

余裕があれば
3〜4の動きも
やってみましょう！

3　上半身を右に動かす

拳を中心に上半身をねじるように右に回転します。脇の下と胸の辺りを伸ばしましょう。

4　上半身を左に動かす

左も同様に動かします。
左右2〜3回ずつ繰り返し、中心で動きを止めます。

ダウンドッグ（足踏み）

ヨガの流れでは、休憩のポーズの一つ。
お尻を高く上げることで、胸や背中、太もも、
ふくらはぎ、アキレス腱などがしっかり伸びます。
頭が下になることで血行促進効果も！

ココに効く
・股関節・お尻
・リンパの流れがよくなる

左右
5回
ずつ

1 お尻を高く上げる

両手は肩幅（マット幅程度）の位置に置き、お尻を斜め上に突き上げます。股関節から折り畳むイメージで行いましょう。腰が丸くなってしまう場合は、ひざを軽く曲げ、かかとを床から浮かせてもOK。ひじは軽く緩めて肩はリラックスします。

ひざは曲がっても
いいので、
頭から腰までが
一直線になるように
意識しましょう。

2 片方のかかとを床に近づける

1の状態をキープしたまま、片方のかかとを床に近づけ、ふくらはぎやもも裏を伸ばします。

全身が気持ちよく
伸びるので、疲れが
とれますよ。

3 足踏みをするように続ける

反対の足も足踏みをするようにかかとを床に近づけます。息を吐くタイミングに合わせて踏みこむとGOOD。左右5回ずつ合計10回繰り返します。

ヨガ 5

スワンのポーズ

ダウンドッグで全身の筋肉を伸ばしたら、
さらにスワンのポーズでお尻や股関節周りをほぐして、
下半身の滞りをとります。
リンパの流れもよくなります。

ココに効く
・お尻・内もも・鼠径部
・むくみ・冷え改善

左右
1～2
分

1 ダウンドッグのポーズから左脚を高く上げる

ダウンドッグのポーズ
（P36）からスタート。息
を吸いながら、左脚を
天井に向けて高く上げ
ます。初心者の方はふ
らつかない高さでOK。

2 手首の後ろに左脚を下ろす

息を吐きながら上げた脚を下ろしつつひ
ざを曲げて、ひざを左手首の後ろに置き
ます。左の足先は右側に向けます。

OK
曲げたひざは手
首の後ろにつき
ましょう。

NG
ひざが内側に入
りすぎると股関
節やお尻がしっ
かり伸びません。

PART
②
初級編 筋膜リリース **ヨガ** 筋トレ

3 上半身を正面に起こす

後ろの脚は伸ばして、足の甲を寝
かせます。息を吸って上半身を正
面に向けます。

4 上半身を床に近づける

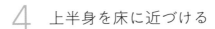

息を吐きながらおへそを床に近づけて、お尻
を軽く左右に揺らします。できるだけ身体の
中心に体重がのるように意識しましょう。脚
を入れ替えて右脚も同様に行います。

余裕がある方は
おへそをベタっと床につけて、お尻や
股関節をしっかり伸ばしましょう。

チャイルドポーズ

休憩ポーズの一つ。
クールダウンにも行われます。
胎児のようなポーズになり、
全身を脱力してリラックスするのがポイント。
深い呼吸を心掛けましょう。

ココに効く
・背中・腰
・気持ちを落ち着かせる

1~2分

1 四つ這いになる

肩の下に手のひら、脚のつけ根の下にひざを置きます。

2 お尻を下げる

足の甲を床に寝かせ足を揃えたら、お尻をかかとに下ろします。背中や腰を丸め、伸ばしましょう。

3 おでこを床につける

かかとにお尻をのせた状態で、おでこを床につけます。ひじは軽く曲げ、肩の緊張を緩めます。大きく息を吸って吐いてそのまま5秒ほどキープします。

手は伸ばしすぎると呼吸がしづらいので、軽くひじを曲げて行いましょう。

うさぎのポーズ

・目の奥の疲れ回復
・リラックス

ココに効く

1〜2分

頭頂部を床につけるこのポーズは
「百会」という万能のツボを刺激します。
眼精疲労の回復やリフレッシュ効果が
期待できます。ゆったり呼吸しながら、
心身を整えていきましょう。

1 おでこを床につける

お尻をかかとにのせたまま、両手を
頭の横に置きます。

2 頭頂部を床につける

両手でしっかり首をサポートしな
がらお尻を持ち上げて、ゆっくり頭
頂部を床につけます。目を閉じて3
〜5回呼吸しましょう。

筋トレ・初級編

筋膜リリースやヨガでほぐして伸ばした肩甲骨や背中を
中心としたメニューです。動かすことで姿勢改善につながります。

▲
動画レッスン
はこちら

筋トレ 1

Ｗの背中トレーニング

鍛えられる筋肉・部位
・僧帽筋中部・下部
・広背筋
・僧帽筋

10 回

僧帽筋は首から肩甲骨に位置する大きな筋肉です。
特に僧帽筋の中部と下部は鍛えないと、
猫背の原因の一つになってしまいます。
肩甲骨を大きく動かし背中全体を鍛えましょう。

背中で肩甲骨同士を
寄せ合うようにする
のがポイント！

1 あぐらをかき、両手を耳の横に上げる

あぐらの状態で座ります。息を吸いながら両手は手のひらを正面に見せて、バンザイの姿勢に。

NG
ひじを曲げる時に肩が上がらないようにしましょう。

2 両ひじを曲げて、Ｗの形を作る

息を吐きながら、両ひじを曲げて胸を張り、脇を締め肩を下げましょう。大きな円をかきながら、ローマ字のＷの形を描きます。これを10回繰り返します。

筋トレ 2

チンイン運動

姿勢改善におすすめなのがこのトレーニング。
あごを引き、胸が自然に前に出る運動なので、
よい姿勢を身体に覚えさせることができます。
寝転んだ状態でリラックスして行いましょう。

鍛えられる筋肉・部位
・頭長筋・頸長筋
・姿勢改善

5 回

1 顔を天井に向け、自然な仰向けに

楽な姿勢で仰向けになり、両手は体の横に下ろします。このまま息を大きく吸いましょう。

2 息を吐きながら、あごを引いて胸を少し天井に押し上げる

息を吐きながら、あごを鎖骨に近づける意識で引き、後頭部で床を軽く押します。そのまま胸を少し天井に向けて押し上げ、息を吸いながら1に戻ります。これを5回繰り返します。

腰が大きく上に浮かないようにしましょう。
胸が硬い人ほど腰が動きやすいので注意を。

43

片脚上げ下げ腹筋

姿勢改善のもう一つのポイントが反り腰の改善です。
反り腰は腰痛やぽっこりお腹の原因にも。
下腹部をしっかり鍛えることで、
反り腰を改善しましょう。

鍛えられる筋肉・部位

・腹直筋
・反り腰の改善

左右
5回
ずつ

1 仰向けになり、 上半身を少し起こす

仰向けになり、両ひざを立て、両手は
首の後ろで組み脇を締めます。この状
態で上半身を少し起こします。

腹筋を
縮める

2 両脚を上げる

1 の状態のまま、両脚を天井に向けて上げ
ます。腰はしっかり床につけたままです。

両手は頭に
添える程度にし、
頭を引っ張らない
ように注意!

44

腹筋が
伸びやすい

NG

頭を床につけてしまうと、脚を下げた
時に腰が反りやすくなります。

3 片脚ずつ床の方に下げる

息を吸って、吐きながら片脚を床の方に下げます。こ
の時、脚は床につけず浮かせた状態のままでストッ
プ。息を吸いながら2の状態に戻り、吐きながら反対
の脚を下げます。左右5回ずつ合計10回繰り返します。

骨盤の歪みを整える、体幹を鍛える

美筋ヨガ中級編

PART3

中級編 はココがポイント

初級編よりも下半身や骨盤周りの筋肉にアプローチして、さらに動きがスムーズになるメニューで構成しています！ 特に骨盤周りをほぐして、歪みを整えましょう。

骨盤矯正におすすめのメニューです！姿勢が悪い人はぜひトライを！

1 歪みやすい骨盤周りの筋肉をほぐす
筋膜リリース　腰・お尻・お腹

骨盤は多くの筋肉で支えられていますが、習慣的な悪い姿勢などで筋力のバランスが崩れ、歪んでしまいがち。骨盤周りの腰やお尻、お腹をほぐして筋肉を動きやすくします。

---

2 股関節やお腹を使って骨盤の歪みを整える
ヨガ 6つのポーズ

股関節を大きく動かしたり、お腹の筋肉を伸縮させて体幹を活性化するポーズが多いメニューです。体幹の筋力バランスを整え、骨盤を正常な位置へと導きます。

---

3 体幹を鍛えて身体のバランスを保つ
筋トレ 3つのトレーニング

体幹を鍛えることで、疲れにくくなるだけでなく、身体のバランスを保ちやすくなり、姿勢崩れの防止や腰痛の改善にもなります。大きな筋肉を動かして、基礎代謝も上げましょう。

▲
動画レッスン
はこちら

歪みやすい骨盤周りの筋肉をほぐす

筋膜リリース・中級編

中級編では、下半身の筋肉を中心にほぐしていきます。
全ての動きに重要な骨盤周りや
固まりやすいお尻の筋肉にフォーカス！

・ボールを当てる位置

ウエストライン上の
背骨の少し横

・脊柱起立筋群

リリースさせたい筋肉

筋膜リリース 1

腰をほぐす

腰痛やぽっこりお腹にお悩みの方に
特におすすめのリリース。
反り腰の方は腰の筋肉が縮んで
硬くなっていることが多いです。
ほぐすことで腰が柔らかくなり
骨盤の歪みが整います。

左右
1～2
分

1 仰向けになり、ボールを腰に置く

仰向けの状態で両ひざを立
て、両手は頭の下で重ね、あ
ごを引きます。ボールはウエ
ストライン上の背骨の右横に
置きます。

2 ボールを左右に転がす

お尻はボール一つ分くらい
床から上げて、左右にゆらゆ
ら動かします。お尻を左右に
揺らしながら体を上下に少
し移動し、肋骨から骨盤まで
まんべんなくボールでほぐ
します。ボールが背骨を越え
ないように動かすのがポイ
ント。左側も同様に行います。

お尻をほぐす

お尻の筋肉は座っている姿勢で
常に圧迫されているため、
硬くなり、弱りやすい部位です。
まずはほぐして筋肉を
緩めていくのがポイント。

・ボールを当てる位置

座った状態で脚のつけ根から真っすぐ下ろしボール半分後ろに転がした位置

・中殿筋・大殿筋

リリースさせたい筋肉

左右
1〜2
分

1　お尻にボールを当てて、ほぐす

ひざを立てて座り、ボールを脚のつけ根から真っすぐ床に下ろして、ボールを半回転後ろに転がします。そのまま、ひじと足で体を支えつつ、体をボール側に傾け、お尻をのせます。このまま前後左右に体を動かしてほぐします。左側のお尻も同様に。

痛い方は

上半身を床についた状態でやってもOK！体重を分散させながら優しくほぐしましょう。

余裕がある方は

下の足首を上の脚のひざにかけてやってみましょう。お尻がストレッチされて、よりほぐれます。

お腹をほぐす

背中側をほぐしたら、
今度はお腹もほぐしていきます。
猫背の方はお腹の筋肉が縮こまった
状態で硬くなり、弱りやすいので、
ローラーでほぐして動かしやすくします。

・ローラーを
当てる位置

腰骨

腰骨の少し上

リリースさせたい筋肉

・腹直筋

1〜2
分

1 うつ伏せの状態で ローラーを置く

うつ伏せになり、ひじを床につ
いた状態で、ローラーを腰骨の
少し上に置きます。

2 ローラーを 前後に動かす

つま先でグイグイと床を押しな
がら、ローラーを小さく前後に
動かします。

←→

3 ひじを開き、上半身を床に近づける

ローラーを動かしながら、少しずつひじを広げ、背中を伸ばしながら上半身を床に近づけます。

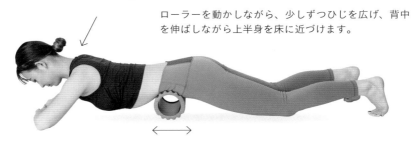

4 動きを止めてキープ

ローラーの動きを止めて、上半身を寝かせて足の甲も床につけます。そのまま息を吸って吐きながら力を抜きます。2〜3回呼吸を繰り返します。

肋骨の上にローラーが当たると骨にひびが入る可能性もあるので必ず肋骨の下までにしましょう。

5 ローラーの位置をかえて 1〜4を繰り返す

ローラーを腰骨の上から少しずつ上に移動させて、肋骨の下まで1〜4を繰り返しましょう。

① 四つ這いお尻回し
▶▶▶ P54

② ローランジ
▶▶▶ P56

③ 三日月のポーズ
▶▶▶ P58

ヨガ・中級編

股関節やお腹を使って
骨盤の歪みを整える

◀ 動画レッスン
はこちら

チャイルドポーズ（初級編 ▶▶▶P40）

⑥ 拳天井 ▶▶▶P62

⑤

スリーレッグドッグ
（膝鼻先タッチ）
▶▶▶P60

④ ハーフスプリット
▶▶▶P59

ダウンドッグ（初級編 ▶▶▶P36）

筋膜リリースで腰やお腹をほぐした
ら、ヨガで股関節周辺をしっかりスト
レッチしましょう。初級よりポーズの
プロセスは少し増えますが、無理せず
できる範囲でトライを。

四つ這いお尻回し

座った状態でいることが多いと
お尻の筋肉が圧迫され硬くなります。
お尻を大きく回すことで股関節に
刺激を与えて、この後の動きを
スムーズに行えるようにします。

1 四つ這いになる

肩の下に手のひら、脚の
つけ根の下にひざを置き
ます。

2 お尻を右に回す

息を吸って、吐きながらお尻
を右から後ろに回しお尻でか
かとをタッチ。ひじを伸ばし
て背中やお尻が伸びているこ
とを感じましょう。

3 お尻を左に回す

息を吸いながら、お尻を左から前へ回し、元の
位置に戻ります。右回しを 5 〜 6 回やったら、
次は左回しを 5 〜 6 回繰り返します。

ローランジ

ヨガでは基本のポーズの一つ。
主に股関節をストレッチできるポーズです。
股関節が硬いと血液やリンパの流れが悪くなるので、
しっかり伸ばして下半身をすっきりさせましょう。
むくみや冷えの改善にも効果があります。

ココに効く

・股関節
・血液・リンパの流れ

左右
1〜2
分

1 右足を右手の内側に置く

四つ這いの状態から、右足を右手の内側に置きます。ひざの真下にかかとがくるようにしましょう。

2 背筋を伸ばす

左足はつま先を立てて、脚のつけ根が伸びるまで後ろに引きます。息を吸いながら手の指先で床を押し、背筋を伸ばします。

3　後ろの脚のひざを
　　ゆっくり持ち上げる

息を吐きながら、後ろの脚の
ひざをゆっくり持ち上げます。
軽くあごを引いて、背筋を伸
ばし、お尻を締める意識で行
いましょう。脚を入れ替えて
左脚も同様に。

鼠経部が伸びている
ことを意識して。
お尻の力が抜けると
下半身が下に落ちて腰が
反ってしまうので注意！

三日月のポーズ

・血液・リンパの流れ
・股関節・お尻・お腹

ココに効く

ローランジで股関節を伸ばしたら、
三日月のポーズで上半身をストレッチします。
大きな動きで全身を使うので、血行もよくなり、
胸を張ることで爽快感もあります。

1 両手を右ひざに置く

ローランジの最後のポーズ（P57）
からスタート。後ろの脚のひざ
を床につけて、両手を右ひざに
置きます。

2 背筋を伸ばす

1 の状態から、ゆっくり
上半身を起こして背筋を
伸ばします。この時、お
尻を締める意識を忘れず
に。鼠経部からお腹まで
しっかり伸ばしましょう。

3 両手を耳の横に上げる

息を吸いながら両手を前から上げて胸
を開きます。息を吐きながら肩の力を
抜きます。この状態のまま 2 〜 3 回深
い呼吸をしましょう。脚を入れ替えて
左脚も同様に。

ハーフスプリット

ここまでは脚の前側を伸ばしてきましたが、
次はもも裏やお尻など後ろ側を伸ばします。
また、ふくらはぎにも効かせられるので、
脚のむくみ解消にもおすすめのポーズ。

ココに効く
・お尻・太ももの裏側
・脚のむくみ解消

左右
1〜2
分

1 右足を右手の内側に置く

三日月のポーズの最後のポーズ（P58）
から両手を足の横に置きます。

2 右足のつま先を天井に向け、お尻を引く

お尻を後ろに引きながら、右足のつま先を
天井に向けます。ひざを伸ばすと腰が丸く
なる場合は、写真のように右ひざは軽く曲
げたままでOK。そのままゆっくり息を吸っ
て背骨を伸ばし、吐きながら軽く前屈しま
しょう。脚を入れ替えて左脚も同様に。

体勢がつらい時は、
手をなるべく手前に
つきましょう！

NG

前のひざを伸ばすこと
を優先して背中が丸ま
ると、お尻やもも裏が
伸びないので注意を。

スリーレッグドッグ
（ひざ鼻先タッチ）

左右
3〜5回
ずつ

さらにお尻やお腹にフォーカスできるヨガポーズで
股関節周りの筋力バランスを整えます。
お尻とお腹を両方とも伸ばしたり縮めたりすることで
骨盤の歪み改善につながり、
ぽっこりお腹の解消にもGOOD！

1 ダウンドッグのポーズからスタート

ダウンドッグのポーズ（P36）をと
ります。両手は床につき、お尻を斜
め上へ引き上げます。ひざは軽く曲
げていていいので、背中をしっかり
伸ばしましょう。

お尻を縮める
意識で！

2 左脚を高く上げる

1の状態のまま、息を吸っ
て左脚を高く上げ、お尻を
キュッと縮めます。

3 左ひざを曲げて鼻先にタッチ

息を吐きながら、鼻先に向かって左ひざ
を曲げて、お腹をぎゅっと縮めます。息
を吸いながら2のポーズに戻ります。3
〜5回繰り返したら脚を替えて右脚も同
様に行いましょう。

背中を丸めて、
お腹を縮めるように
意識しましょう。

拳天井

中級編の最後は、上半身のストレッチをして
身体全体のバランスを整えましょう。
上がっていた心拍数も肩を緩めることで
呼吸が深まり落ち着いていきます。
リラックスして行いましょう。

ココに効く

・上半身のストレッチ
・背中・二の腕

1~2
分

1 チャイルドポーズからスタート

ダウンドッグのポーズ（P36）から四つ這い
になり、チャイルドポーズ（P40）になります。
大きく息を吐きリラックス。

2 背中で拳を作る

両手を背中に回して、
指を組んで拳を作ります。

3 拳を天井に向けて上げる

息を吸いながら、拳を天井に向けて上げ、吐きながら肩甲骨を少し寄せます。背中にお肉を集めるイメージで拳を天井に突き上げてみましょう。3呼吸キープします。

4 息を吐きながら、腕を下ろす

息を吐きながら、ゆっくり拳を腰に近づけ、指をほどきます。両手は体の横に下ろし、手のひらは天井に向け、ひじまで床につけ、深く呼吸をしてリラックスしましょう。

動画レッスン
はこちら

体幹を鍛えて身体のバランスを保つ
筋トレ・中級編

お尻、お腹、背中の筋肉を鍛えることで、姿勢改善はもちろん、
しなやかで動ける身体に近づきます。引き締め効果もあり！

筋トレ 1
ヒップリフト

筋膜リリースやヨガでほぐれて
柔らかくなったお尻の筋肉を鍛えます。
ヒップに効かせるために
腰や脚に頼らないようにするのがポイント。
もちろんヒップアップ効果も期待できます。

鍛えられる筋肉・部位

・大殿筋
・中殿筋

10回

1 　仰向けになり、ひざを立てる

仰向けになり、足はマット幅くらいに広
げてひざを立て、ひざとつま先を45度ほ
ど外に向けます。ひざが内側に入らない
ように注意。あごを軽く引き、息を吐き
ながら腰を床にぺったりつけます。

お尻を丸めるくらいの
気持ちで腰を床に
押しつけます。

2 息を吐きながら、恥骨を天井に上げる

息を吸い、吐きながら、恥骨を天井方向に上げ鼠径部を伸ばします。お尻のほっぺを内側に近づけるようなイメージで行いましょう。息を吸いながら1に戻り、10回繰り返します。最後はお尻を上げたまま10秒キープしてみましょう。

NG

腰が反って胸だけが上がってしまうと鼠径部が伸びず、お尻に効きません。

パンチ腹筋

脚を上げることで、お腹への負荷が大きくなり、
さらに腕を上へ押し出すことで
肩甲骨のポジションも整う
一石二鳥のトレーニングです。

鍛えられる筋肉・部位
・腹直筋 ・腹斜筋
・前鋸筋

10 回

1　仰向けになり、ひざを立てる

仰向けになり、ひざを立てます。あごを軽く
引き、お腹に力を入れて、腰は床にぺったり
つくようにします。

2　両脚と両腕を上げる

ひざが直角になるように両脚を持ち上げます。拳を作っ
て、両腕を天井に向けて上げます。この時、腹筋が少
しもっこり盛り上がるくらい腰を床に押しつけます。

隙間ができないように
腰を床につける

つらい方は
椅子に足をのせて
やってもOK！

3 上半身を引き上げる

息を吸って、吐きながら胸と恥骨を近づける
意識で上半身を起こします。合わせて、天井
に向かってパンチするイメージで、拳を天井
に突き上げます。10回繰り返します。

うつ伏せ
背中トレーニング

鍛えられる筋肉・部位
・背中・肩甲骨周りの筋肉
・猫背の改善

10 回

初級編で行ったWの背中トレーニング（P42）より
負荷がかかり、さらに肩甲骨周りの
筋肉を鍛えることができます。
肩甲骨を動かしながら背中を鍛えることで
胸が開き、姿勢がよくなり、
肩こりも改善します。

1 うつ伏せになる

うつ伏せになり、両手はバンザイの状態にして、
足はマット幅程度に広げ、お尻をしっかり締めます。

2 両腕を浮かせる

あごを引いて目線を床に落としたら、
息を吸って、両腕を浮かします。

NG .... ひじを引く時に肩が耳に近づいて首が埋もれ
ないように。しっかりと肩を下げて背中を使
いましょう。また、お尻の力が抜けると腰痛
の原因に！

3 ひじを後ろに引く

息を吐きながら、ひじを後ろに引き、
胸を床から離します。肩を耳から遠
ざける意識で10回繰り返しましょう。

目線は床

肩甲骨同士を
寄せるイメージで
行いましょう。

美筋ヨガ 上級編

全身の可動域を広げる！ 脂肪を燃焼！

上級編 はココがポイント

上級編は初級・中級編に比べて、筋膜リリースや筋トレのメニューを増やして全身の可動域を広げてさらに動ける身体にブラッシュアップ！きつい方はできる範囲でOK!

引き締め効果のある
メニューです！
気持ちいい汗が
かけますよ！

1 全身の可動域を広げてダイエット効果アップ
筋膜リリース 肩甲骨・胸・太もも・腹斜筋

身体を前屈させたり、反らしたり、脚を回したり、様々な動きに対応するためには全身の可動域を広げる必要があります。大きな動きもしやすくなり、ダイエット効果も期待できます。

2 全身のバランスをとりながらボディメイク
ヨガ 4つのポーズ

上半身も下半身も均等にストレッチして、全身のバランスを整えていきます。血液やリンパの流れがよくなり、気になるお腹のたるみや脚のむくみもすっきりします。

3 全身を使って脂肪を燃焼！
筋トレ 4つのトレーニング

少しハードなメニューになりますが、脂肪を燃焼するためにおすすめ。お尻、胸、お腹、太もも、股関節など全身の筋肉をまんべんなく鍛えるので、基礎代謝もアップしやすいです。

筋膜リリース・上級編

さらにしなやかで動ける身体作りのため、関節の近くの筋肉や
リンパが流れている部位の筋膜をリリースして可動域をアップ！

・ローラーを当てる位置

脇の少し下

リリースさせたい筋肉

・前鋸筋
・広背筋

左右
1~2
分

筋膜リリース **1**

肩甲骨の外側をほぐす

肩甲骨の動きをサポートする前鋸筋が
硬いと腕が上がりにくくなるなど、
日常動作にも影響が出てきます。
しっかりほぐすことで可動域が広がり、
ヨガや筋トレの効果もアップ。

1 脇の少し下にローラーを置く

体は横になった状態で、右腕
を伸ばし、脇の少し下にロー
ラーを置き、肩甲骨の外縁に
ローラーを当てます。首の力
は抜き、ローラーを前後に動
かします。

2 斜め上を向いてローラーを動かす

上半身を後ろに傾け、斜め
上に目線を向けます。ロー
ラーを前後に動かし肩甲骨
と肋骨の隙間をほぐします。
左側も同様に。

胸をほぐす

巻き肩になっている方や
猫背ぎみの方に、
特にほぐしてほしいのが胸の筋肉。
しっかり緩めておくことで
胸が開きやすくなり、
デコルテがきれいになるだけでなく、
呼吸もしやすくなります！

・ボールを当てる位置

鎖骨の下

・小胸筋

リリースさせたい筋肉

左右
1〜2
分

PART 4 上級編 **筋膜リリース** ヨガ 筋トレ

1 あぐらで座り、ボールを鎖骨の下に置く

あぐらの状態で、ボールを鎖骨の下の外側1/3辺りに置き、コロコロと左右に転がします。

2 バストの上までボールを動かす

鎖骨の下からバストの上までボールを左右に転がします。反対側も同様に。

太ももの裏側をほぐす

歩く時やひざを曲げる時に働く
ハムストリング。
ここが硬いと股関節の動きが悪くなり
前屈しづらくなるため、お尻が垂れる原因に！
ヨガや筋トレの前によく
ほぐしておくのがおすすめ。

・ローラーを当てる位置

太ももとお尻の境目

・ハムストリング

リリースさせたい筋肉

左右
1〜2
分

1 太ももとお尻の境目にローラーを置いて動かす

左の太ももとお尻の境目にローラーを置き、脚を伸ばします。右ひざを曲げ、軽く後ろに引きます。息を吸って背筋を伸ばし、吐きながらローラーを小刻みにコロコロと揺らします。

2 前屈してさらにローラーを動かす

息を吸って背筋を伸ばし、吐きながら上半身を脚のつけ根から前に倒して、ローラーを小刻みに動かします。もも裏が伸びているのを感じながら行いましょう。

NG
前屈する時は背中が丸まらないように気をつけましょう。

3 太ももの裏側全体をほぐす

お尻を後ろに引きながらローラーを転がし、
太ももの裏側全体をほぐします。3〜5回
往復して動かします。右脚も同様に。

⟷

体勢がつらい方は
右のひざを立てて前に置いて
やっても OK。

・ボールを当てる位置

お腹の縦線上

・腹斜筋・腹直筋

リリースさせたい筋肉

筋膜リリース 4

腹斜筋をほぐす

体幹部を前屈させたり、
左右に曲げたりする時に使う腹斜筋。
姿勢保持はもちろん、鍛えることで
くびれたウエストを目指せます。
まずはほぐして
ウエストの動きを滑らかに。

左右
1〜2
分

1 ボールをお腹の縦線上に 置き、うつ伏せになる

ボールを右側の肋骨のすぐ下から始まる、
お腹の縦線上に置き、うつ伏せになります。
肋骨の上にボールが当たらないように気を
つけましょう。

2 体を傾ける

左手で床を押し上半身を左側へねじり、大
きく息を吸ってため息のように大きく息を
吐き、お腹の力を抜きます。

76

地味な動き
ですが、腹筋に
効きますよ！

3 前後に体を揺らす

息を吸い、頭を斜め上に引き上げる
よう背筋を伸ばし、吐きながら前後
に体を揺らします。左側も同様に。

🔁 ボールの位置を変えて1〜3を繰り返す

ボールの位置を縦線上に沿って、骨盤の上くらいまで移動してほぐしていきます。
縦線が分からない場合は、仰向けになり、腹筋運動をするように上体を丸めて起こ
してみましょう。起こした時にお腹が盛り上がった部分の端のラインが縦線です。

① キャット＆カウ
▶▶▶ P80

ダウンドッグ（初級編 ▶▶▶ P36）

全身のバランスを
とりながらボディメイク

ヨガ・上級編

◀ 動画レッスン
はこちら

② ハイランジ＆上半身前傾
▶▶▶ P82

④ チェア（ねじり）
▶▶▶ P86

③ ハーフアップ
▶▶▶ P84

ダウンドッグ（初級編 ▶▶▶ P36）

背中、お腹、股関節など全身をまんべんなくストレッチ。初級・中級編より動きが大きいポーズになりますが、一つ一つ丁寧に身体を使い、効かせたい筋肉に刺激を与えましょう。

ヨガ 1

キャット & カウ

お腹と背中に効くポーズです。
まずは猫のように背中を丸めて
お腹の筋肉を縮めて背中を伸ばし、
牛のポーズでお腹を伸ばして背中を縮めます。
背骨を一つ一つ丁寧に動かす意識で行いましょう。

ココに効く
・胸
・お腹
・背中

3〜5
回

1 四つ這いになる

肩の下に手のひら、脚の
つけ根の下にひざを置
きます。

2 お腹を丸める

息を吐きながら、お腹を
丸めます。手で軽く床を
押しましょう。背中でき
れいなアーチを描くイ
メージです。

3 お尻を引き、胸を開く

息を吸いながら、お尻の骨を後ろに向け、首を伸ばして胸を開きます。この時も手で軽く床を押しましょう。2〜3の動きを3〜5回繰り返します。

息を吸う時に
胸を前に向ける
イメージで伸びて
みましょう！

NG

首が縮こまったり、腰が落ちたりしないようにしましょう。

ハイランジ＆
上半身前傾

バランスをとりながら、お腹、背中、股関節、肩甲骨など
全身に効かせ、効率よく身体を動かします。
骨盤をしっかり安定させられるようになります。
初心者はハイランジだけでもOK。

1 ダウンドッグの
ポーズからスタート

ダウンドッグのポーズ（P36）を
とります。両手はマット幅につき、
しっかりと背中が伸びるようにお
尻を斜め上に突き上げます。目線
はつま先に向け、そのまま軽く足
踏みをしましょう。

2 左脚を高く上げる

息を吸いながら、左脚を天井
方向へ高く上げます。

3 上げた足を下ろして
左手の内側に置く

息を吐きながら上げた足を左手
の内側に置きます。後ろの足は
つま先を立てましょう。

4 上半身を起こす

バランスをとりながら、ゆっくりと上半身を起こします。両手を腰に当て骨盤を正面に向けましょう。お尻をキュッと締めて骨盤を立て、安定させます。

骨盤が前に倒れ腰が反りすぎないように気をつけましょう。

5 両手を前から上げる

息を吸いながら両手を大きく前から上げ胸を開きます。息を吐きながら軽く前足を踏みこみ、ひざの下にかかとがきたらストップします。肩の力を抜きましょう。

6 上半身を前に傾ける

5の状態から上体を前に傾けて、手の中指からかかとまでが一直線になったところでストップ。その状態のまま呼吸を3〜5回します。両手を床について1のダウンドッグに戻り、右脚も同様に行います。

ハーフアップ

ヨガの基本のポーズの一つです。
背中が丸くなってしまう方が多いので
股関節を引き込み、
お尻を突き出す意識を持ちましょう。
前屈することでお尻やもも裏がしっかり伸びます。
つらい方はひざが曲がっていてもOK。

1 ダウンドッグの
ポーズからスタート

ダウンドッグのポーズ（P36）を
とります。両手はマット幅につき、
しっかりと背中が伸びるようにお
尻を斜め上に突き上げます。目線
をつま先に向けましょう。

2 両手の間に足を置き、前屈する

息を吸って目線を両手の間に向け、吐きながら両足を両手の間まで歩かせます。足はぴったりくっつけて前屈します。

3 背中を伸ばす

両手をすねの上に置き、息を吸って背中を伸ばし、吐きながら股関節を後ろに引き込みます。

鎖骨を横に開く
イメージで胸を張り、
背中が丸まらないように
注意しましょう。

PART ④ 上級編 筋膜リリース ヨガ 筋トレ

チェア（ねじり）

左右
1〜2
分

見えない椅子に座るようなポーズに
ねじりの動きを加えて、お腹にもしっかり効かせます。
太ももやお尻を締めて行うので、
すっきりした下半身に。体幹も鍛えられます。

1 ハーフアップのポーズ からスタート

ハーフアップの最後のポーズ（P85）
からスタート。

2 両手を上げる

息を吸いながら両手を耳の横を
目指して上げて、息を吐きなが
らお腹をぺたんこにへこませま
す。お尻を後ろに突き出すよう
に股関節を引き込みます。

腰の反りすぎに注意！
お腹をへこますことで
腰を守ります。

3　合掌ポーズをする

胸の前で合掌します。

ねじる動きを
加えています。
ウエストシェイプ
にも効果的！

4　体をねじる

息を吸って吐きながら、体を左
にねじります。右ひじと左ひざ
をタッチする意識で行いましょ
う。両ひざが大きくずれないよ
うに注意します。息を吸いなが
ら 3 に戻り、右側も同様に。

動画レッスン
はこちら

全身を使って脂肪を燃焼！

筋トレ・上級編

プッシュアップ、スクワットなど全身を使って鍛える
筋トレメニュー。気になるお腹やお尻のたるみにも効きます。

筋トレ 1

うつ伏せお尻
トレーニング

・中殿筋　・大殿筋

鍛えられる筋肉・部位

左右
5回
ずつ

動きは小さいですが、お尻のたるみに
ダイレクトに効くトレーニング。
ひざを曲げて行うことで、太ももの裏側に
余計な力が入りづらく、脚やせにも効果大！

1　うつ伏せになる

うつ伏せになり、足は腰幅くらいに開きます。

2　左ひざを曲げる

左ひざを曲げ、息を吐きながらお腹をぺた
んこにへこませます。

88

3 左ひざを上げる

薄いお腹のまま、体の前側に突き出た腰骨を
床に押しつけ、左ひざを床から離します。

NG

ひざを高く上げようとして、腰から上げる
のはNG！恥骨は床につけたままです。

4 左ひざを上げたまま
外側に開いてキープする

左ひざを持ち上げたまま、ゆっくりと股関節から外側に開い
て2秒キープ。お尻がキューッと縮んでいく感覚を味わいな
がら行いましょう。息を吸ってひざを閉じ、5回繰り返しま
す。右脚も同様に。

OK

骨盤を床に押し
つけ安定させ、
股関節から脚を
開きましょう。

NG

大きくひざを外
に開こうとして
腰から動かない
ようにしましょう。

クリスクロス

腹筋にねじりの動きを加えて腹斜筋を鍛えることで、
きれいなウエストラインに近づけます。
上半身を起こして行うので、腹直筋も鍛えられて、
ウエストシェイプに効果的です。

左右
10回
ずつ

1 仰向けになり、少し上半身を起こす

ひざを立て仰向けになり、手は頭の後ろで組み、脇を締めます。息を吸って吐きながら上半身を丸めるようにして少し起こします。

手は頭の後ろに
添えるだけ！
頭を前に引っ張らない
ように注意！

2 右ひじと左ひざをタッチ

右の肋骨と左脚の鼠蹊部を近づけるように体を
ねじり、右ひじと左ひざをタッチします。

脚から近づけず、
お腹の力を使って
上半身から近づくよう
にしましょう。

3 左ひじと右ひざをタッチ

1の状態に戻り、左の肋骨と右脚の鼠蹊部を近
づける意識で左ひじと右ひざをタッチします。
これを左右10回ずつ合計20回繰り返します。

プッシュアップ

10回

ひざを床につけて行うので、
初心者の方もトライしやすいです。
腕ではなく、胸の筋肉を意識して
トレーニングすることで
体幹も鍛えられます。
巻き肩の改善にも効果的です。

1 四つ這いになる

肩の下に手のひら、脚のつけ
根の下にひざを置きます。

2 両手両ひざの位置を調整する

両手を開き、マットの少し外
側に置きます。ひざの位置を
一歩後ろに下げます。

3 上半身の重心を前に移動する

肩の下に手首がくるように、上半身の重心を
前に移動します。頭からひざまで一直線になる
イメージです。お腹はへこませておきましょう。

NG
腰が落ちるのも
NG。軽くお腹
を丸めましょう。

NG
お尻が上がるのも
NGです。軽くお尻
を締めましょう。

4 ひじを開いて胸を床に近づける

息を吸って背中を伸ばし、吐きながらひじを外側に開き、
胸を床に近づけます。胸が横にストレッチされているイ
メージで行いましょう。

5 床を押しながら 3 に戻る

手のひらで床を押しながら 3 の状態に戻
ります。胸の筋肉を縮めるイメージで行
いましょう。10 回繰り返します。

スクワット

鍛えられる筋肉・部位

・下半身全体

10 回

太ももの内側、股関節、お尻など
下半身を鍛えることができるスクワット。
大きな筋肉を動かすので基礎代謝が上がり、
脂肪を燃焼しやすくなります。
フォームが崩れると前ももが張りやすく
なってしまうので正しい姿勢で行いましょう。

1 両足は肩幅より 大きく広げて立つ

肩幅より足を大きく広げて立
ち、つま先とひざを45度く
らい外側に向けます。両手は
胸の前でクロスします。

Side

背筋を伸ばして
立ちましょう。

2 ひざを曲げる

息を吸って吐きながらお尻をゆっくり引き、股関節とひざを曲げて上体をゆっくり下ろします。この時、必ずひざとつま先が同じ方向になるように意識しましょう。

NG

腰が反ったり、腰が丸まったりしないように注意しましょう。

3 1に戻る

かかとで床を押し、内ももとお尻を締めながらゆっくり1の姿勢に戻ります。これを10回繰り返します。

NG

ひざが内側に入らないように、ひざとつま先の向きを揃えましょう。

気になるパーツをきれいに引き締める

部位別プログラム

PART5

部位別プログラムは
ココがポイント

筋トレは各部位
一つでもいいので
続けることが
ポイント！

ぽっこりお腹、お尻や二の腕のたるみなど、気になるパーツのお悩みにフォーカスしたプログラムです。部位ごとに効かせる筋膜リリースや筋トレでさらに引き締め効果を実感できます。

① 気になるパーツに
ピンポイントでアプローチ

お腹の上部、下部、太ももの内側、腕の裏側などスタイルが気になる部分をしっかりほぐしていきます。ピンポイントでアプローチできるので、筋肉が緩み、鍛えやすくなります。

② 使っている筋肉を意識しながら
行うのがポイント

筋トレは間違った動きで行ってしまうと、逆効果になってしまうことがあります。筋トレ中は鍛えたい筋肉がちゃんと動いているか、確認しながら行いましょう。

③ ヨガと一緒にやると
さらに効果アップ！

筋膜リリースと筋トレの間にヨガを組み合わせて、ストレッチしておくと身体が動きやすくなり効果もアップします。全身の血液やリンパの流れもよくなり、気分もすっきり！

ウエストのくびれを作る

お腹周り

下腹が出ている、ウエストのくびれがない……などのお悩みに効く
筋膜リリースと筋トレです。意外と凝っているお腹をほぐして鍛えることで、
ボディラインが整うだけでなく、腰痛や反り腰の改善にも効果があります。

目指すのは こんなウエスト

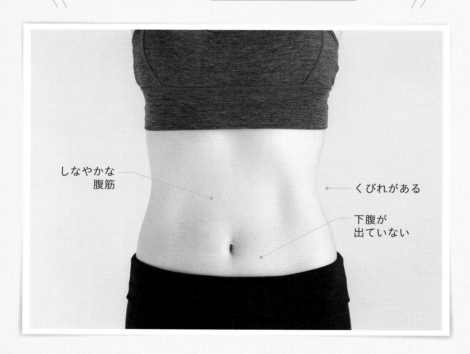

しなやかな
腹筋

くびれがある

下腹が
出ていない

腹筋を鍛えて、
骨盤を安定させ
ましょう！

プログラムのポイント

①
息を吐きながら行うと効果アップ
それぞれの筋トレ時には息を大きく吐きながら行うと、肋骨部分が動き、お腹の筋肉が使いやすくなります。

②
お腹のどの辺りに効いているかを意識する
お腹の上部なのか、下部なのか、横なのか、筋トレによってアプローチする筋肉が違うので意識して行いましょう。

③
お腹を鍛えて反り腰改善
お腹の筋肉を鍛えると、骨盤が安定してよい姿勢を保ちやすくなります。反り腰の改善にも効果的です。

ぽっこりお腹の原因

運動不足でお腹の筋肉を使っていないことも原因の一つですが、一番は姿勢の悪さによることが多いです。骨盤が前傾したり後傾したりすると下腹が出やすくなります。

- ・ 骨盤の前傾や後傾
- ・ 姿勢不良
- ・ お腹の筋肉を使えていない
- ・ 筋肉の衰え

鍛えたい筋肉

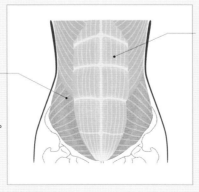

腹直筋
腹部正面にありシックスパックと呼ばれる筋肉。肋骨から恥骨まであり、骨盤の傾きに影響を与えます。

腹斜筋
外腹斜筋と内腹斜筋に分かれていて、横腹に沿ってあります。ウエストのくびれを作るならこの筋肉を鍛えて。

・ローラーを当てる位置

鼠経部

リリースさせたい筋肉

・内腹斜筋

左右
1〜2
分

お腹の筋膜リリース

内腹斜筋を
ほぐす

内腹斜筋は外腹斜筋より内層にあり、
骨盤を安定させたり、
体をねじる時に使う筋肉です。
ここをほぐすことで
腹斜筋を動かしやすくなります。

動画レッスン ▶
はこちら

1 ローラーを
左脚の鼠経部に置く

両手は床につき、ローラーを左脚の鼠経
部に置きます。

2 お腹を伸ばしながら
ローラーを揺らす

お尻に軽く力を入れ、手で床を押してお
腹を伸ばします。その状態でローラーを
前後に揺らします。右脚も同様に。

←→

トランクカール

腹筋が苦手な人におすすめのメニューです。
椅子やベッドに脚をのせて行うことで、
お腹の上部の筋肉にしっかり効かせられます。

・腹直筋（上部）

鍛えられる筋肉・部位

10回

動画レッスン ▶
はこちら

1 仰向けになり脚を椅子にのせる

仰向けになり、両脚を椅子やベッドに
のせます。両手は頭の後ろに組んで、
脇を締めてあごを引きましょう。

2 上半身を起こす

息を吐きながら上半身を起こします。お腹の上部の
筋肉を使うイメージです。10回繰り返します。

上半身を起こす時は、
お腹を丸めるように
しましょう！

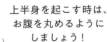

リバースクランチ

・腹直筋（下部）

鍛えられる筋肉・部位

10回

ぽっこりお腹や反り腰の改善には、
お腹の下部を鍛えることがポイント。
反動をつけずにゆっくり行うことで、
引き締め効果がアップ。
呼吸を上手に使いましょう。

動画レッスン▶
はこちら

1 仰向けになる

両ひざを立てて仰向けになり、両手は
体の横に置き、あごを軽く引きます。

2 ひざを引き寄せる

ひざを軽く胸に引き寄せ、
足を床から離します。

ここがスタート
ポジション
です！

ふくらはぎともも裏を
ぴったりつけ、反動を
つけないように
行いましょう。

3　ひざを胸にタッチする

息を吐きながらゆっくりお腹を丸め、お尻を床から離します。ひざを胸にタッチするイメージで引き寄せましょう。お尻が床から全く上がらない場合は、お尻の下に拳を入れて行ってもOK。2に戻って10回繰り返します。ラストの10回目は10秒間キープしましょう。

NG

あごが上に向きすぎたり、肩が力んだりしない範囲で行いましょう。

プランクツイスト

プランクにねじりを加えてウエストを引き締めます。
お腹のインナーマッスルの腹横筋も
鍛えることができ、体幹も強くなります。

左右
5回
ずつ

動画レッスン ▶
はこちら

1 頭からかかとまで 一直線の姿勢を作る

肩の下にひじをつき、拳を作り、つま先の上にかかとがくるように、つま先を立てます。頭とかかとで引っ張り合って、平らな姿勢を保ちます。

2 お腹を右にねじる

軽くお尻を締め、息を吸って吐きながらお尻を右に振るようにして、お腹をねじります。

ねじるのが
つらい方は
プランクだけでも
OK！

3 お腹を左にねじる

息を吸って 1 の状態に戻り、吐きながら
お尻を左に振るようにしてお腹をねじり
ます。左右5回ずつ合計10回繰り返します。

NG

ねじる時にひじが
浮かないようにし
ましょう。

お尻

長時間座ったままの姿勢が続くと、お尻の筋肉は圧迫され、使いにくくなってしまいます。お尻が上手く使えないとお尻が垂れるだけでなく脚が太くなる原因にも。意識的に筋トレで動かしてヒップアップしましょう。

目指すのは こんなお尻

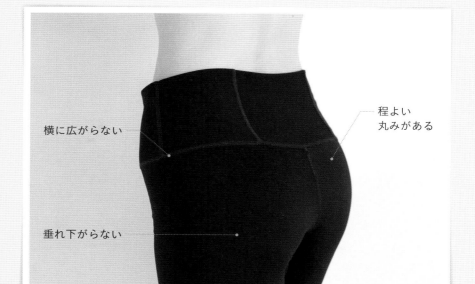

横に広がらない

程よい丸みがある

垂れ下がらない

重力に負けて年齢が出やすい部位なので、美筋ヨガでしっかりほぐして鍛えましょう！

プログラムのポイント

①
**お尻をほぐして
まずは筋肉を
目覚めさせて！**

お尻の筋肉は使われることが少なく眠ったままの方も……。ほぐして目覚めさせましょう！ 腰痛の改善にもつながります。

②
**使いづらい
筋肉なので
フォームを大切に**

筋トレをする時にはフォームを確認して、ぐらついたり、太ももに効いたりしないように丁寧に行いましょう。

③
**お尻を
鍛えることで
美脚にもつながる**

お尻が弱ると代わりに脚ががんばるため、脚が太くなりやすいです。筋トレでお尻を引き締めれば美脚にも効果的。

お尻のたるみの原因

長時間同じ姿勢でいることで、お尻の筋肉がほとんど使われていないのが主な原因。お尻のたるみはプロポーションの崩れだけでなく、腰痛の原因にもなるので筋力をつけましょう。

- 長時間座っている、
  または立っている
- 骨盤の歪み
- お尻の血行不良
- 加齢（筋力低下）

鍛えたい筋肉

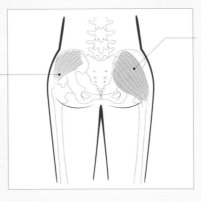

中殿筋

お尻の両サイドにある筋肉。小さな筋肉なので、意識的に鍛えないと衰えてしまい、太ももの横張りの原因に。

大殿筋

臀部の表皮にある大きな筋肉。骨盤の後ろから太ももの側面まであるので腰を固定し姿勢を保持します。

お尻の筋膜リリース

大殿筋と 中殿筋をほぐす

大殿筋と中殿筋の境目をリリースします。
圧迫されて癒着しやすい部位なので、
ここをほぐしておくと
後から行う筋トレがやりやすく
効果がアップします。

動画レッスン ▶
はこちら

・ボールを当てる位置

お尻の割れ目の上に
ある平らな骨（仙骨）
の横から脚のつけ根

リリースさせたい筋肉

・大殿筋　・中殿筋

左右
1〜2
分

1 手をついて
ボールをお尻で挟む

ひざを立てて座った状態で両
手は床につき、ボールはお尻
の割れ目の上にある平らな骨
（仙骨）のすぐ右側に置き、お
尻で挟みます。

2 ボールを脚のつけ根に
向かって転がす

ゆっくりと両ひざを右に傾け、ボールを脚のつけ根に向かって斜めに転がします。

3 ボールを元の位置に
向かって戻す

脚のつけ根までボールを転がしたら、1の位置までまた斜めにボールを転がします。これを3回ほど繰り返します。左側も同様に。

余裕がある方は
縦にユラユラ揺れながら
ボールを転がすと
さらに効果的です。

ヒップアブダクション

・中殿筋

鍛えられる筋肉・部位

お尻の両サイドにある中殿筋を鍛えます。
筋トレすることでお尻が横に広がるのを改善し、
丸みのある美尻に。小さな筋肉なので
フォームに気をつけて筋トレしましょう。

左右
10回
ずつ

動画レッスン▶
はこちら

1 横向きに寝転がる

横向きに寝て、右腕を頭の下に置きます。右ひざを曲げて、左脚は真っすぐ伸ばします。肩からかかとまで一直線になるようにします。

2 左脚をつけ根から外側に回す

左足首を90度に曲げて足首を固定します。脚のつけ根から外側へ回転させ、つま先が斜め上を向くようにします。

3 左脚を上げる

左手で骨盤を固定し、左脚をゆっくり上げます。
お尻の上の筋肉がちゃんと縮んでいるか確認を。
おへそは正面を向け、左脚を少し後ろに引くイ
メージで上げるとお尻に効いてきます。10回繰
り返し、右脚も同様に。

骨盤は動かさない

NG

脚を高く上げようとして骨盤が傾く
のはNG。

NG

つま先が下を向いたまま行うと、お
尻に効きづらいです。前ももの張り
につながってしまうので注意！

クラムシェル

股関節の深部にあり、動きを補助する
深層外旋六筋と中殿筋にアプローチします。
股関節の可動域をアップさせたい方や
太ももの横張りを改善したい方におすすめです。

動画レッスン ▶
はこちら

鍛えられる筋肉・部位

・深層外旋六筋
・中殿筋

左右
10回
ずつ

1 横向きに寝転がる

横向きに寝て、右腕を頭の下に置きます。ひざを100度くらいの角度で曲げ、肩、骨盤、かかとが一直線上になるようにします。腰が丸まらないように気をつけましょう。

息を吐いてお腹を
ぺたんこにへこませ、
軽く反った腰を
守りましょう。

2 左脚のひざを開く

おへそを正面に向けたまま、股関節を軸に左脚のひざを開き、お尻を縮めます。10回繰り返し、右脚も同様に。

ここから動かす

太ももの力でひざを大きく開こうとすると太ももの外側が痛くなるので注意しましょう。股関節から開いてお尻の外側の筋肉を縮めます。

四つ這い脚回し

鍛えられる筋肉・部位

・中殿筋
・大殿筋
・体幹

股関節を大きく動かし、大殿筋、中殿筋など
お尻全体を動かしていきます。
フォームを維持するためにバランスをとることで
お腹や背中のインナーマッスルが鍛えられ、
体幹力もアップ！

左右
10回
ずつ

動画レッスン▶
はこちら

1 四つ這いになる

四つ這いになり、肩の下に手
のひら、脚のつけ根の下にひ
ざを置きます。

2 左脚を上げる

息を吸って左脚を床と平行に
なるまで持ち上げます。体重
が右に流れないように注意し
ましょう。

3 ひざを肩に引き寄せる

息を吐きながら、大きく外に回す
ようにひざを肩に向かって引き寄
せます。

NG

ひざを肩に寄せるために右ひじが
曲がったり、骨盤が大きく傾いた
りしないように気をつけましょう。

4 胸の下を通って
元の位置に戻す

ひざを肩になるべく近づけた
ら、胸の下を通し、2 に戻ります。
10 回繰り返し、右脚も同様に。

すらりとした美脚に

太もも

太ももは、様々な筋肉で構成されています。
ほっそりした太ももを目指すなら内ももの筋肉群を鍛えるのが効果的。
脂肪がつきやすい部位なので意識して行いましょう。

目指すのは こんな太もも

外側が張らない

内側はすっきり

お尻と太ももの
境目がある

内ももは日常生活では
使いづらく弱りやすいので
意識して筋トレするのが
ポイントです!

プログラムのポイント

1 太ももの横張りを
解消、○脚改善

太ももの横が張っている方は内ももの筋力が弱い可能性が高く、○脚になりやすいです。鍛えてレッグラインを整えます。

2 普段使いづらい
内ももを
しっかりほぐす

日常動作では使いにくい筋肉なので、まずは筋膜リリースでほぐしてから、筋トレやヨガを行うようにしましょう。

3 手で触って
内ももを意識する

内ももの筋トレは、正しいフォームで内ももに効いているか確認を。初心者の方は手で内ももを触りながら行いましょう。

太もものたるみの原因

太ももは比較的使いやすい前側や外側の筋肉を使うことが多く、内ももは上手く使えていない方が多いです。日常的に使われないことで筋肉が弱り、たるみの原因にもなります。

- 前ももや外ももの筋力が強い
- 骨盤の歪み
- 内ももの筋肉を使えず
  血行、代謝が悪い
- 運動不足

鍛えたい筋肉

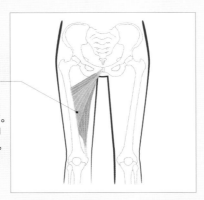

内転筋群

太ももの内側にある
筋肉全体を指します。
衰えるとたるみや○脚
の原因になることも。

内ももをほぐす

・ローラーを当てる位置

太ももの内側。すねと
ローラーが同じ向きに
なるように。

・内転筋群

リリースさせたい筋肉

内ももは普段なかなか上手く使えない
部位のため筋肉が硬くなりやすいです。
しっかりリリースして筋肉を
使いやすくして、ストレッチや筋トレの
効果を上げましょう。

動画レッスン▶
はこちら

左右
1〜2
分

1 ローラーを内ももに当てて、うつ伏せになる

ローラーを縦に置き、ひじを床につき、
うつ伏せになりローラーを内もも（ひざ
のすぐ上）に当てます。

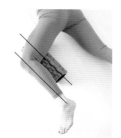

———— 体勢がつらい方は

脚を外側に大きく開くのがつらい方
は、脚の位置を下げてもOK。すね
とローラーが同じ向きになることを
意識しましょう。

2 ローラーを転がす

そのままの状態で、ローラーを左右に転がします。ひざの内側から脚のつけ根までローラーを動かします。右脚も同様に。

余裕がある方は
かかとを天井方向に上げ、角度を変えて行ってみましょう。

鍛えられる筋肉・部位

レッグアダクション

小さな動きのトレーニングなので、ちゃんと内ももに
効いているか確認しながら行いましょう。
また、脚を高く上げようとしてしまうと
フォームが崩れやすくなるので注意を。

左右
10回
ずつ

動画レッスン▶
はこちら

1 横向きに寝転がり、上の足を前に置く

横向きに寝て、右腕を頭の下に置きます。下の脚を伸ばし、足首を90度
に曲げます。上の足は前に置き、頭からかかとまで一直線上になるよう
にします。

上の足を前に置くのがつらい
方は後ろに置いてもOK!

2 下の脚を上げる

下の脚をゆっくり持ち上げます。足首を90度に曲げて、内くるぶしを天
井に向けるのがポイント。内ももを使うことを意識しましょう。10回繰
り返し、左脚も同様に。

NG

つま先が上を向くと内ももではなく前ももに
効いてしまいます。内くるぶしでボールを天
井に蹴り上げるようなイメージで行います。

足を閉じたヒップリフト

鍛えられる筋肉・部位

美筋ヨガ中級編で紹介したヒップリフト（P64）を、
ひざを閉じて行うことで内ももにも
効かせることができます。お尻の下部も使われ、
脚とお尻の境目作りにも効果的！

10回

動画レッスン▶
はこちら

1 仰向けになる

足を揃え、両ひざを立てて仰向けになり、
両手は体の横に置きます。内ももはしっ
かり内側に押し合います。上手く内側に
押し合えない場合は内ももの間にボール
などを挟んでもOK。

2 お尻を上げる

息を吸い、吐きながら鼠径部を伸ばす
イメージでお尻を上げます。内ももは
内側に押し合い続けます。10回繰り
返します。

NG

腰が大きく反らないように
しましょう。

二の腕

タプタプにたるんだ二の腕や、ムキムキに育った肩の筋肉が
二の腕周りに多いお悩み。どちらも筋肉をほぐして緩めることから
始めるのが二の腕やせへの近道です。

目指すのは こんな二の腕

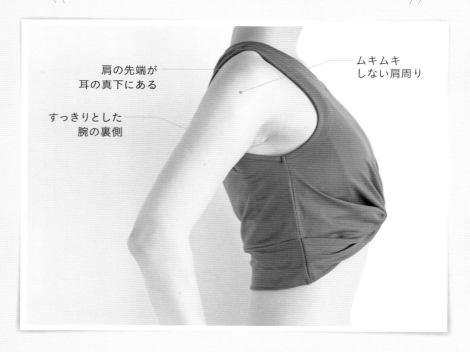

肩の先端が
耳の真下にある

ムキムキ
しない肩周り

すっきりとした
腕の裏側

日常生活で姿勢に
気をつけているだけでも
二の腕やせに
つながりますよ!

プログラムのポイント

1 ムキムキしがちなアウターマッスルをほぐす
使いすぎて盛り上がってしまいがちな肩周りを筋膜リリースでほぐして、緩めましょう。

2 普段動かさない腕の裏側を鍛える
二の腕のたるみは、腕の裏側の筋肉が衰えて脂肪がつきやすくなるのが原因です。筋トレでしっかり鍛えましょう。

3 背筋を伸ばして筋トレを行う
二の腕の筋トレは猫背だと効果が少なく、肩を痛める原因にもなります。姿勢を正して胸を張って行いましょう。

二の腕のたるみの原因

一番大きいのは姿勢の問題。猫背だと肩甲骨が外に開き、腕の筋肉が使いづらくなってしまうため、筋肉が衰えて脂肪がつきやすくなります。

- 姿勢が悪い
- 巻き肩になっている
- 腕の裏側（上腕三頭筋）が使えていない

鍛えたい筋肉

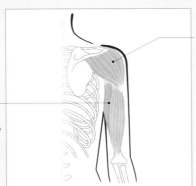

三角筋
肩のアウターマッスル。腕のつけ根にあり、前部、中部、後部の3つに分かれています。

上腕三頭筋
腕の裏側にある筋肉。二の腕のたるみの原因に。普段はあまり使われない筋肉。

・ローラーを当てる位置

肩の外側

・三角筋

リリースさせたい筋肉

二の腕の筋膜リリース 1

三角筋をほぐす

肩がムキムキしてぽっこり
盛り上がっている方におすすめなのが
三角筋のリリース。
三角筋は3つに分かれているので、
ローラーの位置を変えてほぐしましょう。

左右
1〜2
分

動画レッスン ▶
はこちら

1 ローラーを肩の外側に
当てて転がす

横に寝転がり、ローラーを肩の外側に当てます。
下の手のひらは、お尻の下から出るようにします。このまま上下にローラーを動かして、肩の
外側部分をほぐします。

⟷

NG

巻き肩にならないように胸を
張って肩の外側にローラーを
当てましょう。

124

2 肩の前側をほぐす

床に手をついて斜め下を向き、角度を変えて
ローラーを転がして肩の前側をほぐします。

3 肩の後ろ側をほぐす

床についていた手を頭の後ろに置いて首をサ
ポートし、おへそと胸を斜め上に向けます。
その姿勢でローラーを転がして肩の斜め後ろ
側をほぐします。左腕も同様に。

上腕三頭筋を ほぐす

普段あまり使っていない腕の裏側は
筋肉が硬くなっているため、筋トレの前に
筋膜リリースで緩めましょう。
無理がないように圧を調整しながら
行うのがポイントです。

動画レッスン▶
はこちら

・ローラーを当てる位置

ひじのすぐ上

リリースさせたい筋肉

・上腕三頭筋

左右
1~2
分

1 ひじのすぐ上にローラーを当てる

体を横に倒したら、下の手のひらを天井に向けて、ひじの
すぐ上をローラーにのせます。もう片方の手は床につけます。

NG

ひじの関節に当てると怪
我につながるので注意。

痛いほど効くという
わけではないので、
無理なくやって
くださいね！

2 小さくコロコロと動かす

この状態のまま、軽く圧をかけながら
小さくコロコロとローラーを動かしま
す。左腕も同様に。

余裕がある方は

手の甲を床に近づけて、首の力を
抜き、圧をかけて動いてみましょう。

・上腕三頭筋

鍛えられる筋肉・部位

上腕三頭筋トレーニング ①

筋膜リリースで緩んだ腕の裏側を鍛えます。
体幹をぶれさせず、胸を張って
姿勢よくやることがポイントです。

左右
10回
ずつ

動画レッスン ▶
はこちら

1 左腕を体側に沿わせる

四つ這いになり、左腕をお尻の横へ伸ばします。手のひらは天井に向けます。

2 左腕を上げる

息を吸って胸を張り、吐きながら腕をできる限り高く上げます。10回繰り返し、右腕も同様に。

NG

腕を上げる時に体がねじれて体幹がぶれないようにしましょう。

上腕三頭筋トレーニング ②

・上腕三頭筋

鍛えられる筋肉・部位

腕の裏側を鍛えるもう一つの筋トレ。
ひじの曲げ伸ばしによって上腕三頭筋をピンポイントで
鍛えます。負荷が足りない方はダンベルや
ペットボトルを持って行うとさらに効果的です。

左右
10回
ずつ

動画レッスン▶
はこちら

1 左ひじを曲げる

四つ這いになり、脇を締めて
左ひじを上げて90度曲げます
（P128の2の状態でひじを折り
曲げると上手くできます）。

ひじの高さは固定

2 左ひじを伸ばす

息を吐きながらひじを伸ばしま
す。この時ひじの高さを固定し
ましょう。10回繰り返し、右腕
も同様に。

NG

ひじごと一緒に動かない
ようにしましょう。ひじの
位置は固定したままです。

PART 5 部位別プログラム 二の腕

もっさりした後ろ姿にならない

背中

背中は、自分でなかなかチェックしにくい箇所ですが、
実は年齢や体形の崩れが出やすく、背中が丸まっているだけで老けて見えます。
肩甲骨や背骨をよく動かしてすっきりした背中に！

目指すのは こんな背中

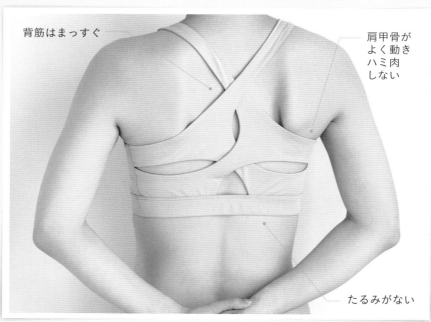

背筋はまっすぐ

肩甲骨が
よく動き
ハミ肉
しない

たるみがない

座った状態で
肩甲骨を回すだけでも、
姿勢改善に
なりますよ！

プログラムのポイント

**1 肩甲骨から
しっかり動かす**

肩甲骨周りには大きな筋肉があるので、ほぐして動かすことで血液やリンパの流れもよくなります。

**2 意識的に
肩を下げる**

デスクワークなどで猫背の状態だと肩は自然と上がってしまうので、筋トレは肩を下げる意識で行いましょう。

**3 姿勢矯正に
効果抜群！**

弱りやすい背中の筋肉を鍛えることで、背筋が伸びやすくなります。つい猫背になってしまうという方は積極的に筋トレを！

もっさり背中の原因

長時間のデスクワークなどで猫背になってしまうと、背中の筋肉が緩み代謝が悪くなって脂肪がついてしまうため、もっさり見えてしまいます。

- 猫背
- 肩甲骨を背骨に寄せる筋肉が弱い
- 肩が上がりやすい
- 胸の筋肉が硬い

鍛えたい筋肉

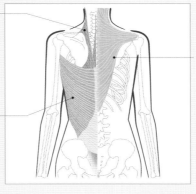

脊柱起立筋

首から腰にかけて背骨に沿ってついている筋肉。直立している時に背骨を支え、鍛えることで美しいバックスタイルに。

広背筋

背中から腰、腕へとつながる大きな筋肉。鍛えることで肩こりや腰痛の改善にもつながります。

僧帽筋

首の後ろから肩、背中にわたる大きな筋肉。上部線維、中部線維、下部線維があり、どれも肩甲骨を動かすために重要。

肩甲骨の
内側をほぐす

硬くなった肩甲骨の内側を
ほぐしていきます。
胸を開きながら行うことで
背中もしっかり伸びるので姿勢矯正や
肩こりの解消にもおすすめです。

動画レッスン▶
はこちら

・ローラーを当てる位置

肩甲骨の間

リリースさせたい筋肉

・肩甲骨周りの筋肉

1~2
分

1 ローラーを縦に置き
仰向けになる

ローラーは縦に置き、頭がローラーの上
部にのるように背中を当てて、仰向けに
なります。ひざは立てて、両手を体の横
に下ろし、左右に体を揺らします。ひじ
の内側と手のひらは天井に向けます。

2 脚を伸ばす

腰に違和感がなければ脚を伸ばして、さらに
左右に体を揺らします。

3 両手を伸ばす

息を吸って両手をバンザイして、胸を開いて
ひじを伸ばします。息を吐きながら少しひじ
を緩め、肩の力を抜きましょう。これを3回
繰り返します。

手の甲が床につかなくてもOK!
気持ちいい範囲で
胸や背中を伸ばしましょう。

ひじ締めトレーニング

背中や脇肉に効く筋トレです。
肩甲骨を下げる僧帽筋下部や背中の大きな広背筋という
筋肉を鍛えることですっきりした背中周りに。
背中のブラからはみ出すお肉を
つぶすイメージで行いましょう。

鍛えられる筋肉・部位
・僧帽筋中部・下部
・広背筋

左右
10回
ずつ

動画レッスン▶
はこちら

2 右腕を伸ばし、体を倒す

右腕を耳の横に伸ばし、軽く手を握ります。そのまま息を吸って、体を左側に倒して体側を伸ばします。

1 ひざ立ちになる

脚は腰幅くらい開き、お尻を締めてひざ立ちになります。お尻が緩むと、腰が反ってしまうので注意。

ひじを曲げた時に
肩を下げることを意識して
肩が上がってこない
ようにしましょう！

4 右側に体を縮める

3 の状態からさらに体の右側を縮め
ていきます。思い切り縮めたらス
トップし、息を吸って 2 に戻ります。
10 回繰り返し、左腕も同様に。

3 ひじを曲げる

息を吐きながら、ひじを曲
げて脇を締めながら体を右
に倒します。

背中の筋トレ 2

うつ伏せで
手足交互にアップ

体全体を使って背中を鍛えていきます。
手と足を同時に動かすことでバランスよく
背中の筋肉を使えるようになります。
目線を上げすぎず
肩はリラックスして行うことがポイント。

鍛えられる筋肉・部位

・広背筋
・僧帽筋中部・下部
・脊柱起立筋

左右
5回
ずつ

動画レッスン▶
はこちら

1　うつ伏せになる

うつ伏せになり、両手はバンザイ
をして、脚は腰幅に開きます。

2 左手と右足を上げる

息を吸って吐きながら左手と右足を上げます。背中を中心に向かって縮める意識で行いましょう。息を吸いながら 1 の状態に戻ります。

3 右手と左足を上げる

息を吐きながら、今度は反対に右手と左足を上げます。これを左右 5 回ずつ合計 10 回繰り返します。

手や足の力で
動かすのではなく、
背中から動かすように
しましょう！

二の腕背中寄せキープ

鍛えられる筋肉・部位
・僧帽筋中部・下部
・脊柱起立筋

猫背だと肩甲骨は外に広がってしまい、
もっさりとした背中に。肩甲骨を内側に寄せる
筋トレをすることで、姿勢を正します。
肩が下がるので、首周りもすっきりします。

10秒

動画レッスン ▶
はこちら

2 肩を回す

肩を前から後ろに回し、胸
を張ります。顔が前に出な
いように軽くあごは引いて
おきましょう。

1 骨盤を立てて座る

あぐらもしくは正座で座り、
骨盤を立てます。ローラー
は立ててお尻の後ろに置き
ます。

肩先が前を向いていると、胸が丸まり背中に効かないため、しっかり胸を開きましょう。

肩甲骨を寄せるのが
ポイント！
頭が前に出てこないように
気をつけましょう！

後ろから見た図

3 両ひじでローラーを挟む

ゆっくり腕を後ろに引き、両ひじでローラーを挟むように肩甲骨を内側に寄せます。このまま10秒キープします。ローラーがひじで挟めない方は、背中でひじを寄せるだけでもOKです。

首・肩

首や肩は重い頭を支え、大きな負担がかかっている上に、
姿勢の崩れでさらなる負担がかかり、様々な不調を起こします。
首の筋肉は硬くなっている方が多いので、しっかりほぐしましょう。

目指すのは こんな首・肩

あごのラインが
すっきり

肩の位置が
上がりすぎて
いない

首のラインが
緩やかなカーブ

首が硬くなると
あごを引くのが苦手になり、
顔が大きくなる
原因になります。

1 きれいな
デコルテになる

首をほぐすことで首のラインが長くなり、すっきりした印象に。首も動かしやすくなります。

2 小顔効果も
期待できる

首の後ろが硬くなるとあごが引きづらくなり二重あごやむくみの原因に。しっかりほぐせば小顔効果アップ。

3 頭痛や
首・肩こりの
解消になる

首や側頭筋をリリースすることで血流がよくなり、つらい頭痛や首・肩こりの改善効果もあります。

首 や 肩 の 不 調 の 原 因

本来、首は緩やかなカーブラインですが、スマホを見る時うつむきがちになりストレートネックに。首や肩に負担がかかり、肩こりや頭痛などの不調の原因になります。

- ストレートネック
- 姿勢が悪い
- 血行不良

鍛 え た い 筋 肉

側頭筋

こめかみから耳の上、頭の側頭部にある大きな筋肉。側頭筋が硬くなると顔のたるみの原因にも。

胸鎖乳突筋

首の側面から鎖骨までつたうようにある筋肉。首を曲げたり、旋回させたりする状態で姿勢を維持してくれます。

胸鎖乳突筋を
ほぐす

・胸鎖乳突筋

リリースさせたい筋肉

・ボールを当てる位置

耳の後ろ

左右
1～2
分

胸鎖乳突筋が硬いと首が動かしづらくなり、
首こりの原因にもなります。
特に首の真ん中は癒着しやすいので、
優しい力でしっかりほぐしましょう。
痛くならないように注意を。

動画レッスン ▶
はこちら

1 ボールを
耳の後ろに当てる

ボールを耳の後ろに当てます。顔を少し横に向けます。

2 ボールを転がす

鎖骨の真ん中に向かって、胸鎖乳突筋に沿ってボールを軽く転がします。右側も同様に。

ほぐし終わった後は首を左右に傾けて可動域をチェックしましょう！ 横に動かしやすくなったらほぐれている証拠です。

側頭筋をほぐす

・ローラーを当てる位置

こめかみ辺り

リリースさせたい筋肉

・側頭筋

顔のたるみやほうれい線の原因の一つに
側頭筋が硬いことが挙げられます。
筋膜リリースでほぐすと、
顔のむくみの解消にも効果的です。

動画レッスン▶
はこちら

左右
1〜2
分

1 ローラーに頭をのせて横向きに寝る

ローラーは突起部分が上にくるように置き、
こめかみ辺りをのせて横向きに寝ます。

2 頭をゆっくり転がす

1 の状態のまま、頭の横をほぐすように、
顔を上に向けたり下に向けたりして、首を
左右にゆっくり動かします。左側も同様に。

勢いをつけず、
頭の重みで優しく
ほぐしましょう。

巻き肩を改善して美バストに

胸

猫背や巻き肩によって、胸筋が硬くなると、バストが下がって
しまいがちです。ほぐして鍛えて、バストアップを目指しましょう。
鎖骨を真横に開くイメージで胸を開くのがポイント。

目指すのは こんな胸

肩が力んでいない

鎖骨が横に
スッと
伸びている

胸を開く

バストの筋肉は
硬くなってしまいがち。
胸が開くようにしっかり
ほぐしましょう。

144

プログラムのポイント

① バストの上部を ほぐして 形崩れを防ぐ

バストの上部が硬いとバストの位置が下がってくるので、大胸筋を鍛える前に筋膜リリースをしましょう。

② 巻き肩の矯正にも 効果的

小胸筋が硬くなると肩甲骨が前に引っ張られ、巻き肩に。小胸筋をほぐすことで、肩が開きやすくなります。

③ バストアップも 期待できる

大胸筋を鍛えると筋肉量が増えて、バストも自然にアップします。姿勢がよくなるのでバストが下がりにくくなります。

バストが下がる原因

巻き肩や猫背によって、上半身全体が縮こまると年齢より老けて見えることも。大胸筋は意識して使わないと、どんどん筋力が衰え、バストが下がる原因に。

- ・ 巻き肩
- ・ 猫背
- ・ 大胸筋を鍛えていない

鍛えたい筋肉

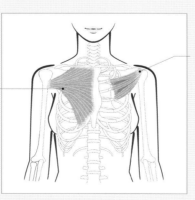

小胸筋

大胸筋の深層に位置する筋肉で、上部は肩甲骨に、下部は肋骨に接合しています。緩めることで巻き肩の改善に。

大胸筋

胸部の最も広く大きな筋肉。体の前面に位置していて、鍛えると胸板が厚くなったりバストアップが期待できます。

大胸筋をほぐす

胸の上部をほぐしていきます。
胸の筋肉は広範囲にわたるので、
ローラーでリリースするのがおすすめ。
胸の筋肉が伸びやすく、
鍛えやすくなります。

・ローラーを当てる位置

胸の上部、脇の下の前

・大胸筋

リリースさせたい筋肉

左右
1〜2
分

動画レッスン▶
はこちら

1 胸の上部に ローラーを置いて転がす

ローラーはハの字に置き、うつ伏せ
になり、左脇の下の前側をローラー
の上にのせます。右ひじは床につけ
て体を支えましょう。その状態のま
ま、ローラーを左右に転がします。
右側も同様に。

ボールで
やってもOK！
軽くコロコロ
転がしましょう。

鍛えられる筋肉・部位

・大胸筋

ひじをくっつけてアップ

大胸筋を鍛えるのに効果的な合掌ポーズ。
さらに、ひじを閉じて上下に動かすことで
大胸筋全体を使うことができます。

10回

動画レッスン ▶
はこちら

PART
5
部位別プログラム
胸

2 ひじを上げる

息を吸って吐きながら、ゆっくりと鼻の高さくらいまでひじを上げます。自分で上げられる最大限の高さまで上げましょう。息を吸ってひじを下げ、これを10回繰り返します。

1 ひじ同士をくっつける

あぐらで座り、胸の前でひじをくっつけて手のひらを合わせます。

NG

上げた時にひじの間が開かないように、ひじ同士を押し合いましょう。

ペットボトルで大胸筋トレーニング

腕立て伏せはきつすぎる！という方に
おすすめのトレーニング。
反対の手を胸に当てながら行うことで胸の筋肉を
上手く収縮させることができます。
余裕がある方はダンベルなどで
重さをプラスしてもOK。

動画レッスン▶
はこちら

1 右手でペットボトルを持つ

正座になり、左手は右胸に当て、右手でペットボトルを持ち、ひじを伸ばしましょう。

2 右腕を上げる

息を吸って吐きながら右腕を斜め上に上げていきます。左手で触っている胸の筋肉を縮める意識で行いましょう。10回繰り返し、左腕も同様に。

NG

ひじの曲げ伸ばしになってしまうと、胸ではなく腕に効いてしまうので、ひじを伸ばした状態で上げましょう。

教えて！ なお先生！

美筋ヨガなんでも
Q&A

身体が硬いけどできる？ いつやるといい？ など美筋ヨガの素朴な疑問から
日常生活やウェアについてまで気になることをどんどんお答え！

Q1 運動に慣れていないけど
大丈夫ですか？

a 普段運動していない人に
こそおすすめです！

　私も運動音痴なんですよ！　だからお
気持ちはすごくよく分かるので、筋膜リ
リースもヨガも筋トレも複雑な動きは取
り入れていません。安心してトライし
てみてくださいね！　まずは初級編から
始めてみるのがおすすめ。ヨガはダウン
ドッグのポーズをとるだけでも身体がリ
フレッシュしますよ！

Q_2 美筋ヨガはいつやるといい？

A やりやすい時間でOK！

　この時間にやらなければいけないというルールはありませんので、自分のスケジュールに合わせてやるのが一番。継続することが大切なので、自分にとって負担のない時間がおすすめです！

　ただし、食後は内臓が消化するために動いているので、ヨガには適していません。食後2時間は空けましょう。ちなみに私は朝起きてすぐ行います。身体が目覚めて、心身共に前向きになれます。疲れて帰宅した日は夜も行い、身体の凝り固まりを緩めてから就寝するようにしています。眠りの質がよくなりますよ！

Q_3

身体が硬くてヨガの
ポーズが難しいです……

A ポーズにとらわれず、
自分の可動域と向き合って！

　身体が硬いということは、筋肉が硬い、関節の動きが悪いということです。そのせいで血液やリンパの流れが悪くなり、身体の歪みや不調も出やすくなります。無理をすると怪我や痛みの原因にもなります。今のご自身の身体の硬さや関節の可動域と向き合い、できる範囲のMAXで行ってみてください。続けることで徐々に変化してくる身体を楽しんでみてくださいね。

Q6

続けるコツは？

A ルーティンに
組み込みましょう

　一番のコツは習慣化することです。そのために自分のルーティンの中に組み込んじゃうのがいいですね。朝起きて歯磨きしながら身体を動かしたり、夜の肌のお手入れと一緒にやったりするのがおすすめ。

　また、一緒にチャレンジする仲間を持つこともいいですね。仲間がいるとお互い励まし合い、刺激し合うことができます。オンラインサロンのメンバーさんからも「みんながいるから続けられる！」という言葉をいただいています。さらに「くびれを作る」「毎日2ポーズやる」など宣言してからやると、仲間が進捗をチェックしてくれるので一人でがんばらなくてもいいですね！

　とにかくつらくならないように、自分が楽しくやれる方法を見つけることが一番です！

歯磨きしながら、
身体を動かしても
OK！

Q4

生理中に美筋ヨガをやってもいいですか？

A 体調と相談しながら
行いましょう

　やること自体はOKですが、生理痛など体調が優れない時は控えましょう。身体がむくみやすい期間なので、体調がいい日はローラーやボールをコロコロと揺らして、筋膜リリースで筋肉をほぐすのがおすすめです。

巻末の
1か月おすすめ
プログラムの
カレンダーも
参考にね！

Q5

体調が悪い時はやってもいい？

A 全力で休みましょう！

　体調が悪い時は身体が休みたいというサインを出しています。美筋ヨガはお休みにしましょう！

　美筋ヨガを続けていると身体からのサインを敏感に感じることができるようになります。ちょっとでも「おかしいなあ」と身体の声が聞こえたら休むようにしましょう。また元気になってから始めればいいんです！

Q7 先生のヨガファッションをマネしたい！

A 身体のラインが見えるウェアでやる気アップ！

なお先生の
ヨガファッション
Check！

レギンスのようにピッタリしたウェアは、ひざの向きまで分かるので動きの確認もしやすいですよ！ ピッタリしたウェアは最初は抵抗があるかもしれませんが、美筋ヨガの時だけは自分の身体と向き合う時間と思って、ぜひ挑戦してみてください！

Mint

Red

Blue

White

他にはないミント色がお気に入りです！胸元が深すぎないV字なので、デコルテもきれいに見えます♡

お尻まで隠れるトップスなので、私服でもレギンスと合わせてよく着ています♪レギンスは薄地なのに透けなくて暑い時期には重宝します♡

上下ともとっても伸縮性がよく、アラジンパンツはお腹まですっぽり隠れるので部屋着としても最高です♡

お腹がチラッと見える丈なのでウエストが細く見えるのと、腕が長く見える半袖丈のトップスは一番のお気に入りです♡夏は私服でもしょっちゅう着ています！

ヨガウェア「B-Home」（株式会社 antiqua）　https://www.antiqua.com

Q8 肩こりや頭痛がひどいです。美筋ヨガで改善しますか？

A しっかりほぐして緩めれば改善しますよ！

肩こりや頭痛の大きな原因は、筋肉が硬くなることで血液やリンパの流れが悪くなるためです。筋膜リリースでほぐして、ヨガでストレッチすると、筋肉が緩んで柔らかくなり、血行もよくなるので、痛みや不調が改善していきます。また、美筋ヨガを続けると、頭や肩甲骨の位置が整っていくので、身体が凝りづらくなります。

朝は白湯でほっこり　　　　　　夜はアロマキャンドルでリラックス

Q 9　　日常生活で気をつけていることは?

　A　　体内時計を一定にしています

　仕事の関係でなかなか毎日同じ時間にベッドに入ることは難しいので、朝、同じ時間(午前6時45分)に起きるようにして、体内時計を一定にしています。そうすることで1日のリズムが整い、身体が動きやすくなります。朝はまず朝日を浴びて深呼吸と軽いストレッチをし、白湯を飲んで、身体を優しく温めています。また、身体を冷やさないようにヨガをする時以外は靴下を履いたり、冷たすぎる飲み物は避けるようにしています。
　あとは姿勢ですね。常に姿勢を意識して、何気ない動作でも正しい姿勢で行うように心掛けています。

Q 10

食生活で気をつけていることはありますか?

　A　　実はあまりないのです……

　以前に比べて、パスタやうどんなどの小麦粉類は食べなくなっていますが、特に食事制限はしていません。食べる時は、本当に食べたい? と身体に問いかけてから食べるようにしています。甘いものを身体が欲している場合は、スイーツだって食べます。食べたいのに我慢してストレスになるくらいなら、食べて美筋ヨガをしたほうが心にとって健康的かなっと(笑)。

154

仲間と一緒
に楽しもう！

BIKINYOGA ONLINE SALON

美筋ヨガ　オンラインサロン

女性限定　　月額 1,100 円（税抜）

「一人だと怠けてしまう……」「ダイエット仲間が欲しい！」という方におすすめの、
Instagram 上の会員制コミュニティーです。廣田なお先生による毎朝のストレッチ配信、
美筋ヨガレッスン配信、トークライブ配信などを行っています。
マイペースを保ちつつもみんなで楽しみながら、ボディメイクに取り組むことができます。

私たち美筋ヨガでこんなに変わりました！

サロンメンバーの Before → After

とんかつ さん（37歳）
3か月で-4.4kg！
腰周りがすっきりしました。

ぼぉ〜の。さん（47歳）
5か月で-4.5kg！
体脂肪率も5％減りました。

shiimiku さん（35歳）
5か月でウエスト-5cm！
引き締まったボディに！

アオリン さん（38歳）
7か月でぽっこりお腹が改善！
身体のラインが変わりました。

〈 オンラインサロンの詳細・ご入会はこちら 〉

美筋ヨガ オンラインサロン 🔍　https://www.hirotanao.com/onlinesalon

Epilogue

最後まで本書をお読みいただきありがとうございます。

ポーズが上手にできなくてもOK。できる範囲でいいので、続けることが大切です。やっていくうちに身体も心も応えてくれますよ。

また、仲間を作って励まし合うのもおすすめです。私が主催するサロンではメンバー同士で励まし合ったり、アドバイスし合いながら美筋ヨガを行っています。仲間と楽しみながらがんばるのも続けていくコツですね。

「美筋ヨガを続けたことで容姿が変わって、自分に自信が持てるようになった」という声をいただくと本当に嬉しくなります。

「美筋ヨガ」のコンセプトは「自分を好きになろう。」です。自分の身体を好きになることは自分を好きになる入り口に過ぎませんが、考え方がポジティブになり、自分の人生を楽しめるようになるのではないかと思っています。

美筋ヨガが皆様の心身の健康作りのお役に立てますように。

2021年2月　美筋ヨガインストラクター　廣田なお

今日も当たり前のように目が覚めて
こうして当たり前のように過ごせている
自分自身の健康なココロと身体に
感謝します。
ありがとうございました。

Hirota
Nao

「何から始めていいか分からない」という美筋ヨガ初心者の方におすすめのプログラムをカレンダーにしました。1か月後には身体の変化を実感できるはず。週に1回お休みの日もあるので、自分のペースで続けてみてくださいね。

	4日目	5日目	6日目	7日目
	美筋ヨガ 初級編 (P26～P45) ☐	お休み	首・肩 (P142～P143) + 二の腕 (P124 ～P129) ☐	背中 (P132～P139) ☐
	美筋ヨガ 中級編 (P48～P69) ☐	お休み	太もも (P118～P121) ☐	お尻 (P108～P115) ☐
	美筋ヨガ 上級編 (P72～P95) ☐	お休み	お腹周り (P100～P105) ☐	胸 (P146～P148) ☐
	お休み	美筋ヨガ初級編 (P26～P45) + 首・肩 (P142～P143) + 背中 (P132 ～P139) ☐	美筋ヨガ中級編 (P48～P69) + 太もも (P118～P121) + お尻 (P108 ～P115) ☐	美筋ヨガ上級編 (P72～P95) + お腹周り (P100～P105) + 胸 (P146 ～P148) ☐

美筋ヨガ　1か月おすすめプログラム

	1日目	2日目	3日目
1 週目 まずは習慣にすることを目指してがんばるぞ！	筋膜リリース・初級編 （P26 〜 P29） ☐	ヨガ・初級編 （P30 〜 P41） ☐	筋トレ・初級編 （P42 〜 P45） ☐
2 週目 いい感じですね！そのペースで！	筋膜リリース・中級編 （P48 〜 P51） ☐	ヨガ・中級編 （P52 〜 P63） ☐	筋トレ・中級編 （P64 〜 P69） ☐
3 週目 ここまできたらあと少し！ファイトです！	筋膜リリース・上級編 （P72 〜 P77） ☐	ヨガ・上級編 （P78 〜 P87） ☐	筋トレ・上級編 （P88 〜 P95） ☐
4 週目 さぁ、ラスト1週間！やりきりましょう！	美筋ヨガ 初級編 （P26 〜 P45） ☐	美筋ヨガ 中級編 （P48 〜 P69） ☐	美筋ヨガ 上級編 （P72 〜 P95） ☐

Staff

デザイン	柿沼みさと
写　真	内山めぐみ
イラスト	山田有紀
動画編集	高橋マシ
解剖学監修	山本哲二
校　正	株式会社鷗来堂
文・編集協力	百田なつき
編　集	石原佐希子（株式会社マイナビ出版）

協　力	美筋ヨガ オンラインサロンメンバー
衣装協力	株式会社 antiqua
	https://www.antiqua.co.jp/

印刷・製本	シナノ印刷株式会社

廣田なお　*Nao Hirota*

銀行を退職後、大手ヨガスタジオにて年間100本以上のレッスンを経験し、これまでに2万人以上を指導。2017年に東京目黒区にボディメイクヨガスタジオ「HOME」を設立。「自分を好きになろう。」をモットーに、自分自身が納得できる身体作りを目指した「美筋ヨガ 〜ほぐす＋伸ばす＋鍛える〜」を考案。2020年5月からスタジオのレッスンを完全にオンラインレッスンに切り替え、「美筋ヨガオンラインサロン」の運営や、YouTube「美筋ヨガチャンネル」を全国へ配信中。Instagramのフォロワー数は20万人を超え、音楽イベントにも多数出演するなど、多方面において幅広く活動中。著書に『整えるヨガ 〜心とカラダの不調に効く365日の基本ポーズ〜』（ダイヤモンド社）がある。

- ● https://www.hirotanao.com/
- ● Instagram　@onaoonao
- ● YouTube　美筋ヨガチャンネル

ラクしてやせる美ボディ習慣

美筋ヨガ

2021年　2月25日　初版第1刷発行
2023年11月20日　初版第5刷発行

著　者	廣田なお
発行者	角竹輝紀
発行所	株式会社マイナビ出版
	〒101-0003
	東京都千代田区一ツ橋 2-6-3
	一ツ橋ビル 2F
	TEL：0480-38-6872（注文専用ダイヤル）
	TEL：03-3556-2731（販売部）
	TEL：03-3556-2735（編集部）
	MAIL：pc-books@mynavi.jp
	URL：https://book.mynavi.jp